Wie ich meinem Kind zu einem starken Selbstwertgefühl verhelfe

Heinz-Peter Röhr

Wie ich meinem Kind zu einem starken Selbstwertgefühl verhelfe

Patmos Verlag

Wichtiger Hinweis:
Die in diesem Buch enthaltenen Informationen, Hinweise und Übungen wurden nach bestem Wissen des Autors erstellt und sorgfältig geprüft. Sie ersetzen jedoch nicht den persönlich eingeholten (psycho-)therapeutischen oder medizinischen Rat. Verlag und Autor können für Irrtümer oder etwaige Schäden, die aus der Anwendung der dargestellten Informationen, Hinweise oder Übungen resultieren, keine Haftung übernehmen. Deren Nutzung bzw. Durchführung erfolgt auf eigene Verantwortung der Leserinnen und Leser.

Bibliografische Information der Deutschen Nationalbibliothek
Die Deutsche Nationalbibliothek verzeichnet diese Publikation in der Deutschen Nationalbibliografie; detaillierte bibliografische Daten sind im Internet über http://dnb.d-nb.de abrufbar.

3. Auflage 2026

Verlagsgruppe Patmos in der Schwabenverlag AG, Senefelderstr. 12, 73760 Ostfildern
produktsicherheit@verlagsgruppe-patmos.de
www.patmos.de
(Vorstehende Angaben sind zugleich Pflichtinformationen nach GPSR)

Umschlaggestaltung: Finken & Bumiller, Stuttgart
Umschlagabbildung: © shutterstock
Gestaltung und Satz: Schwabenverlag AG, Ostfildern
CPI books GmbH, Leck
Hergestellt in Deutschland
ISBN 978-3-8436-0995-1 (Print)
ISBN 978-3-8436-0999-9 (eBook)

Wenn wir wahren Frieden in der Welt erfahren wollen, müssen wir bei den Kindern anfangen.

Mahatma Gandhi 1869–1948

Inhalt

Einleitung: Das Selbstwertgefühl gehört zum Wichtigsten überhaupt

Wie werden Kinder zu dem, was sie wirklich sind? Wie kommt es, dass manches Kind nicht so ausgeglichen in sich ruht, wie Eltern oder Erzieher sich dies wünschen oder erwarten? Viele Eltern suchen nach Orientierung und haben jede Unterstützung verdient. Der Elternjob ist so ziemlich der härteste überhaupt, gehört jedoch gleichzeitig auch zum Schönsten, was das Leben zu bieten hat.

Zum Wichtigsten, was man einem Kind mitgeben kann, gehört ein echtes, starkes Selbstwertgefühl. Die körperliche und seelische Gesundheit steht hiermit in unmittelbarem Zusammenhang. Für viel mehr, als man glauben mag, ist ein gesundes Selbstwertgefühl die Basis. Es bestimmt über Erfolg oder Misserfolg, beeinflusst maßgeblich Glück oder Unglück. Wie ein Mensch sich in seiner Haut fühlt, wie er sich in der Gesellschaft anderer bewegt, wie er sein Leben gestaltet, basiert nicht zuletzt auf seinem Wertgefühl. Auch, wie glücklich er in Beziehungen werden kann, wie sehr er sich selbst akzeptieren und lieben kann, wie sehr er andere lieben und wie er geschenkte Liebe integrieren kann, ob er Erfolg genießen kann, wie er Kritik verarbeitet, insgesamt, wie seine Grundstimmung organisiert ist, all dies wird von seinem Selbstwertgefühl bestimmt.

> Für nahezu alle psychischen Probleme und Krankheiten, die keine biologischen oder organischen Hintergründe haben, ist ein gestörtes Selbstwertgefühl die eigentliche Ursache. Auch Verhaltensstörungen machen auf einen Mangel aufmerksam, der mit einem gestörten Selbstwertgefühl einhergeht.

Wir alle leben im Zeitalter des »Raubtierkapitalismus«. Von der sozialen Marktwirtschaft, wenn es sie denn in einigen Ansätzen gegeben hat, ist nicht mehr viel übrig geblieben. Ein weltweiter gnadenloser Verdrängungswettbewerb lässt immer mehr Menschen in Armut und Elend zurück. Oft herrscht das Recht des Stärkeren vor, und nahezu jeder, der nicht Schritt halten kann, fühlt sich klein, schwach und minderwertig.

So scheint es immer schwieriger zu werden »mitzuhalten«, und die Sorge vieler Eltern, dass ihr Kind den immer weiter steigenden Ansprüchen und Anforderungen nicht gerecht werden könnte, wächst stetig. So nimmt der emotionale Stress der Eltern zu und leider auch der ihrer Kinder. Der wachsende Konkurrenzdruck ist ein Nährboden für Fehler. Nicht alle gut gemeinten Maßnahmen fördern das Selbstwertgefühl, sondern bewirken eventuell das Gegenteil. Eine zentrale Frage lautet: *Wie kann man gelassen bleiben und sich auf das Wesentliche konzentrieren?*

In meinem Buch *Die Kunst, sich wertzuschätzen* habe ich die »Selbstwertanalyse«, eine von mir entwickelte Methode, beschrieben, die auch in diesem Buch zur Anwendung kommen wird. Mit ihrer Hilfe lässt sich verstehen, wie das Selbstwertgefühl funktioniert und wie es im Alltag wirkt. Die Anwendung ist leicht verständlich und die Veränderungsvorschläge können grundsätzlich von jedem genutzt werden.

Menschen tun unendlich viel dafür, ihr eigenes, aber auch das Selbstwertgefühl ihrer Kinder oder ihres Kindes zu stärken. Dabei unterlaufen viel zu oft gravierende Fehler. Sie vermeiden zu helfen, ist das Anliegen dieses Buches.

Wenn das Auto defekt ist, kann ich es in die Werkstatt geben und es reicht, wenn der Mechaniker weiß, wie es zu reparieren ist. Für die Psyche gilt eine andere Regel: Betroffene müssen selbst Expertin bzw. Experte werden, da nur sie selbst eine wirksame Korrektur vornehmen können. Bestenfalls kann ihnen der Weg gezeigt werden, den sie gehen können. Letztlich hat nur das eine Wirkung, was man selbst tut. Das Selbstwertgefühl funktioniert nach bestimmten Gesetzmäßigkeiten, die jeder verstehen kann. Es ist kein Buch mit sieben Siegeln, sondern organisiert sich nach logischen Regeln.

Das Selbstwertgefühl eines Kindes oder eines Heranwachsenden korrespondiert viel stärker mit dem seiner Eltern, als man glauben mag. Eltern sind die wichtigsten Bezugspersonen für ein Kind. Sie vermitteln nicht nur Wissen, Fertigkeiten und Fähigkeiten, sondern auch Haltungen und Einstellungen. Vieles, was in der Psyche der Eltern liegt, wandert hinüber in die Seele ihres Kindes; oft geschieht dies unbewusst. Die sinnvollste Herangehensweise ist daher, beides in den Focus zu nehmen: das Selbstwertgefühl der Eltern und das des Kindes – dies ist der besondere Ansatz dieses Buches.

Im ersten Teil wird beschrieben, wie sich das Selbstwertgefühl entwickelt und wie es sinnvoll zu fördern ist. Mit Hilfe der Selbstwertanalyse kann es Eltern gelingen, ein tieferes Verständnis für die Psyche ihres Kindes zu gewinnen.

Im zweiten Teil werden typische, schwierige Beziehungen zwischen Eltern und Kind behandelt und der Frage nachgegangen: Welche Auswirkungen haben diese auf das Selbstwertgefühl und wie kann hier geholfen werden?

Im dritten Teil geht es um ein unabhängiges Selbstwertgefühl und wie man Kinder in die Unabhängigkeit entlässt.

Im Anhang finden sich Vorschläge, wie das Wissen um das Selbstwertgefühl in der Schule vermittelt werden kann. Des Weiteren folgen Geschichten für Kinder zum Selbstwertgefühl.

Für wen ist dieses Buch? In erster Linie für alle, die mit Kindern zusammenleben: Eltern, Großeltern, Lehrer, Erzieherinnen sowie für Kinder- und Jugendlichentherapeuten und alle, die mit Kindern zu tun haben.

Ein besonders liebevoller Dank gilt meiner Frau Annemie, die das Manuskript überarbeitete und mich mit ihren kritischen Anmerkungen und zahlreichen Ideen wesentlich unterstützte.

Bad Fredeburg, im Juni 2017
Heinz-Peter Röhr

Falsche Annahmen zum Selbstwertgefühl

Zunächst einige Überzeugungen, die falsch, aber in unserer Gesellschaft tief verwurzelt sind.

Falsche Annahme Nr. 1: Wer reich ist, hat auch ein gutes Selbstwertgefühl
Viel Geld zu besitzen wird häufig mit Glück und Selbstbewusstsein gleichgesetzt. Selbstverständlich können auch reiche Menschen über ein gutes Selbstwertgefühl verfügen, jedoch fühlen so längst nicht alle. Die psychische Not in der Oberschicht ist genauso groß wie in der Unterschicht. Der Missbrauch von Psychopharmaka ist sogar größer. Wer Menschen beobachtet, die ständig shoppen (müssen), erkennt leicht, dass damit innere Leere und Langeweile kompensiert werden sollen. Was das Selbstwertgefühl betrifft, gelten für alle, für Arm und Reich, die gleichen Regeln. Nicht selten ist Reichtum ein Verhängnis mit großen Nachteilen. Besonders oft leiden menschliche Beziehungen unter der Prämisse, dass Geld den höchsten Stellenwert einnimmt. Dabei haben gerade positive menschliche Beziehungen den größten Einfluss auf Lebensglück und Zufriedenheit. Der Glaube, dass Kinder unweigerlich dann glücklich werden, wenn sie auf einer starken materiellen Basis aufwachsen, ist schlicht falsch. Erwachsene Kinder von Superreichen, die sich in Vergnügungszentren wie Marbella, Kitzbühel, Ibiza usw. exzessiv und arrogant ausleben, sind häufig psychisch krank.

Selbstverständlich kann umgekehrt Armut das Selbstwertgefühl sehr beeinflussen und mindern. Beispielsweise führt es in eine große Stresssituation, wenn man seinen Lebensunterhalt kaum bestreiten kann und erlebt, dass die meisten anderen mehr Geld zur Verfügung haben.

Falsche Annahme Nr. 2: Wer erfolgreich ist, hat ein starkes Selbstwertgefühl
Selbstverständlich verfügen viele erfolgreiche Menschen auch über ein stabiles Selbstwertgefühl. Das Streben nach Erfolg gilt in der Leistungsgesellschaft vielen als das Nonplusultra. Hier wird suggeriert: Wer Erfolg hat, ist besonders intelligent, fähig und stark, er bekommt Anerkennung und verdient somit auch ein starkes Selbstwertgefühl. Viele streben nach Lob, Anerkennung und Geltung, weil sie hoffen, so besser dazustehen,

wichtig und mehr wert zu sein. Wie sich jedoch zeigen wird, sind diese Versuche leider vergeblich, eventuell sogar schädlich. Viele sehr erfolgreiche Menschen scheitern an dem Problem, dass sie nie genug bekommen bzw. dass die Anerkennung nie reicht. Dazu gehören Stars und Sternchen, aber auch Manager großer Unternehmen, Politikerinnen und hochgestellte Wissenschaftler.

Wer viel leistet, verfügt nicht unweigerlich über ein gutes Selbstwertgefühl. In der Leistungsgesellschaft wird lediglich suggeriert, dass alle, die viel arbeiten, sich gut, wichtig und wertvoll fühlen dürfen. Viele beuten sich selbst aus, ohne dass dadurch das Selbstwertgefühl besser würde, oft im Gegenteil.

Falsche Annahme Nr. 3: Wer intelligent ist, hat ein starkes Selbstwertgefühl
Eine meiner Patientinnen war mit 27 Jahren bereits Dozentin an einer ausländischen Eliteuniversität. Ihre Intelligenz war überragend, ihr Selbstwertgefühl zutiefst gestört. Ständig litt sie unter Selbstzweifeln; das Gefühl, nie gut genug zu sein, zermürbte sie.

Intelligenten Menschen wird in der Regel mehr Lob und Anerkennung zuteil. Und sicherlich haben viele von ihnen ein stabiles Selbstwertgefühl, aber, das ist nicht unweigerlich so.

Falsche Annahme Nr. 4: Wer schön ist, hat ein starkes Selbstwertgefühl
Mit Kosmetika werden jährlich Milliarden umgesetzt, und unzählige Menschen, vor allem Frauen, verbringen täglich mehrere Stunden mit Schminken und Stylen. Der Irrglaube, dass mit äußerer Schönheit ein labiles Selbstwertgefühl dauerhaft verbessert werden kann, ist weit verbreitet. Klassisches Beispiel sind Models in der Modebranche, deren Leben sich nahezu ausschließlich um den eigenen Körper und Schönheit dreht. Dennoch sind viele von ihnen psychisch krank. Sie leben in dem Wahn, nie schön genug zu sein. Ihre Selbstzweifel sind extrem, obwohl sie nach gängigen Schönheitsidealen »oben« stehen. Ihr Gefühl für den eigenen Wert ist tief gestört.

Tatsache ist, dass hübschere Kinder mehr Zuwendung und Aufmerksamkeit erhalten, sogar in Schulen mitunter besser bewertet werden. Aber auch ein Mehr an Zuwendung erzeugt nicht automatisch ein stärkeres Selbstwertgefühl.

Falsche Annahme Nr. 5: Wer mächtig ist, hat ein gutes Selbstwertgefühl
Hinter dem Streben nach Macht steckt oft der (unbewusste) Wunsch, sein eigentlich schwaches Selbstwertgefühl zu stärken. Gerade Menschen mit einer narzisstischen Störung streben in Positionen, wo sie über andere herrschen und bestimmen können. Dies trifft zunehmend auf Politiker, Managerinnen und Funktionäre zu, sehr zum Nachteil von Beschäftigten bzw. der Bevölkerung.

Narzissmus bedeutet »Selbstliebe«. Wenn von Narzissmus die Rede ist, dann ist nahezu immer der pathologische, der krankhafte Narzissmus gemeint. Die Betroffenen leiden unter einem Mangel an echter Selbstliebe, und ihre übertriebene Geltungssucht soll dies kompensieren.

Schon bei kleinen Kindern ist zu beobachten, dass sie Macht über andere gewinnen wollen. Mobbing beginnt bereits im Kindergarten. Die wahren Ursachen hierfür liegen, wie sich zeigen wird, in Selbstwertstörungen.

Selbstverständlich gilt auch hier, dass nicht alle Menschen, die Macht haben, über ein schlechtes Selbstwertgefühl verfügen. Macht an sich ist ja nicht grundsätzlich schlecht, sie ist immer dann sinnvoll eingesetzt, wenn sie einer guten Sache dient, wenn es nicht um das Image des Amtsträgers, sondern um seine Aufgabe geht.

Wie diese fünf falschen Annahmen zeigen, glauben viele Menschen, das Selbstwertgefühl lasse sich durch Leistung oder besondere Auszeichnungen verbessern. Das ist jedoch eine Illusion.

Die stärkste Wirkung auf das Selbstwertgefühl, ob positiv oder negativ, hat das Vorbild. Kinder haben feine Antennen dafür, was Eltern spüren, welche Einstellungen sie vertreten, also auch solche, die sie nicht direkt äußern, die sie in Gesten und Haltungen ausdrücken. Das Selbstbewusstsein der Eltern ist ein wichtiger Faktor im Zusammenleben mit dem Kind, wobei »selbstbewusst« hier wörtlich zu verstehen ist. Bin ich mir meiner selbst bewusst? Weiß ich, wer und wie ich bin? Kenne ich meine Stärken und Schwächen? Bin ich ehrlich, authentisch? Bin ich mit mir selbst zufrieden?

Wer seinem Kind zu einem starken Selbstwertgefühl verhelfen will, sollte vor allem an der eigenen Zufriedenheit arbeiten. Denn Kinder übernehmen unbewusst die Haltungen und Einstellungen ihrer Eltern.

Die Entwicklung des Selbstwertgefühls

Wer Kinder hat, sollte wissen, wie sich das Selbstwertgefühl entwickelt und in welcher Lebensphase Kinder besonders sensibel sind. Fehler, die z. B. während der frühen Kindheit gemacht werden, lassen sich später nicht so leicht korrigieren.

> Das Selbstwertgefühl entwickelt sich maßgeblich während der ersten sechs Lebensjahre. !

Hierüber besteht in der Forschung nahezu Einigkeit. Frühe Erfahrungen haben prägenden Charakter. Dies gilt es bei allen weiteren Überlegungen zu berücksichtigen.

Die Gene spielen eine wichtige Rolle

Die Bedeutung genetischer Strukturen, auch für das Selbstwertgefühl, wird oft unterschätzt. Neuere Forschungen an eineiigen Zwillingen, die in unterschiedlichen sozialen Umgebungen aufwuchsen, zeigen hohe Übereinstimmungen. Allerdings ist mittlerweile bekannt, dass entscheidend ist, welche Gene durch die soziale Realität aktiviert werden. Durch Erziehung kann sich die Genstruktur verändern, im späteren Leben z. B. auch durch Psychotherapie oder Meditation. Das Gehirn ist bis ins hohe Alter plastisch und lernfähig.

In diesem Buch geht es immer um Dinge, die sich ändern lassen. Es gilt, einen günstigen »Nährboden« für eine positive Genstruktur zu schaffen.

Die Bedeutung innerer Programme

Das Selbstwertgefühl wird von inneren Programmen gesteuert, von Glaubenssätzen, die früh gebildet und gelernt wurden. Die inneren Einstellungen können positiv sein, z. B.: *Ich lerne leicht. Ich habe immer Glück. Ich kann mich gut konzentrieren. Viele Menschen mögen mich. Ich habe fast immer gute Laune. Ich bin ein wertvoller Mensch …*

Oder negativ, z. B.: *Ich habe es schwer. Lernen liegt mir nicht. Ich bin immer der/die Letzte. Immer werde ich beschuldigt. Keiner mag mich. Die anderen haben es leichter …*

Wer sich mit dem eigenen Selbstwertgefühl und mit dem seines Kindes auseinandersetzen will, sollte sich mit diesen tief verankerten Glaubenssätzen beschäftigen. In der psychologischen Fachsprache heißen sie »Kognitionen«. Sie steuern unser Denken und somit auch unsere Gefühle und unser Verhalten. Der Mensch ist zwar kein Computer, dennoch wird letztlich jeder von inneren Programmen gesteuert. Wie auf einer Festplatte werden sie früh gespeichert und fest verankert. Ich spreche hier von *geheimen Programmen*, die das Selbstwertgefühl steuern. Nicht Erfolg, Lottoglück, eine perfekte Ausbildung, das Ansehen der Herkunftsfamilie oder eine große Erbschaft sind für das Selbstwertgefühl wichtig, sondern die eigenen inneren Programmierungen.

Die Frage ist also, wie sich die inneren Programme entwickeln und wie man sie verändern kann. Sinnvoll ist, das Problem von den Wurzeln her zu verstehen.

Menschen sind viel mehr in ihren Denkmustern gefangen, als ihnen selbst bewusst ist. Schon Buddha formulierte vor 2500 Jahren: *Der Mensch ist das, was er denkt.* Jeder lebt in seinem »Glaubenssystem«, von dem er zu wissen meint, dass es richtig sei. Derzeit beunruhigt ganze Staaten wie kaum etwas anderes, was wohl im Innern von islamistischen Selbstmordattentätern vorgeht. Viele unschuldige Kinder, Frauen und Männer müssen sterben, weil diese selbsternannten »Gotteskrieger« glauben, sich als Selbstmordattentäter einen Platz im Himmel zu sichern. Das, was Menschen glauben, ist die bestimmende Kraft in ihrem Leben.

Wie umfassend richtig und bedeutend Buddhas Satz ist, kann nicht überschätzt werden. Das Denken kann Menschen krank- oder auch gesundmachen. Es beeinflusst uns zutiefst und wirkt bis in die letzte körperliche Zelle hinein. Dies konnte mit Hilfe eines psychologischen Experiments eindrücklich bewiesen werden: Personen wurden in eine Umgebung geschickt, die ihrer Jugendzeit entsprach. Die Möbel, die Kleidung, die Musik, alles entsprach in etwa dieser vergangenen Zeit. Man stellte fest, dass sich die Versuchspersonen nicht nur jünger fühlten, sondern auch, dass sich verschiedene körperliche Alterungsprozesse zurückentwickelten.

Jeder lebt in seiner eigenen Gedankenwelt, die seine Realität ausmacht. Diese erscheint jedoch nur auf den ersten Blick unverrückbar. Durch Erkenntnisse lassen sich Einstellungen und Denkmuster verändern.

Wer sich mit dem eigenen Selbstwertgefühl und mit dem seines Kindes beschäftigen will, kommt an der Auseinandersetzung mit inneren Programmierungen nicht vorbei. Veränderung ist immer nur möglich, wenn sich am »Glaubenssystem« etwas ändert, also wenn schädliche »geheime Programme« durch bessere ersetzt werden.

Die Fragen des Lebens

Wenn ein Kind geboren wird, stellen sich von selbst drei zentrale Fragen, die für das Selbstwertgefühl von entscheidender Bedeutung sind. Diese Fragen beschäftigen uns alle lebenslang in unserer menschlichen Existenz, ohne dass sie uns immer bewusst wären, es geht dabei um die Urbedürfnisse des Menschen. Auch unbewusst sucht jeder danach, auf diese Fragen eine positive Antwort zu erhalten. Viele emotionale Probleme lassen sich auf Schwierigkeiten bei der Beantwortung dieser Fragen zurückführen. Sie lauten:

1. Bin ich willkommen?
2. Genüge ich?
3. Bekomme ich genügend Liebe und Zuwendung?

Im Folgenden werden diese Fragen ausführlich behandelt. Wer alle drei mit einem ehrlichen Ja beantworten kann, verfügt in aller Regel über eine stabile Grundlage für sein Selbstwertgefühl. Er kann sich überaus glücklich schätzen, da er offensichtlich mit wesentlichen Dingen versorgt wurde.

Wie kann sich eine stabile Grundlage für das Selbstwertgefühl bilden, oder: Wodurch kann die Basis gestört werden? Schließlich geht es auch darum, wie effektiv Eltern und Kinder an einem gestörten Selbstwertgefühl arbeiten können, wie es korrigiert werden kann. Es macht Sinn, nicht nur die kindliche Entwicklung im Auge zu haben, sondern auch die Folgen, die negative innere Programmierungen mit sich bringen, zumal sie sich nur allzu oft wie ein roter Faden durchs Leben ziehen. Die Bedeutung früher Prägungen wird oft unterschätzt. Wer sein eigenes

Selbstwertgefühl unter den hier beschriebenen Bedingungen analysiert, wird dies bei sich selbst beobachten können.

Die erste Frage lautet: *Bin ich willkommen?*

Bin ich willkommen? ist die wichtigste Frage überhaupt! Jeder Mensch möchte sich willkommen fühlen. Von höchster Bedeutung ist sie für Neugeborene und Babys.

Die Entwicklung des Selbstwertgefühls beginnt bereits im Mutterleib, darauf weisen viele Untersuchungen hin. Schocks und traumatische Ereignisse, die Mütter während der Schwangerschaft erleben müssen, haben oft Auswirkungen auf die seelische Entwicklung des Kindes. Schon hier stellt sich die Frage: *Bin ich willkommen?*

Der erste Schock, den jeder Mensch erlebt, ist der Verlust der Geborgenheit im Mutterleib. Die normale Geburt durch den engen Geburtskanal bedeutet für das Kind extremen Stress, der darin mündet, dass plötzlich alles sehr hell ist. Das grelle Licht der Scheinwerfer, die unvermittelte Kälte auf der Haut, die lauten Geräusche, all das wirkt extrem auf den Säugling ein. Alles geht plötzlich so schnell; es gibt einen Klaps auf den Po, damit das Neugeborene schnell selbstständig atmet; im Vergleich zur geborgenen Enge im Mutterleib ist alles so grenzenlos. Angst und Panik sind die ersten Gefühle nach der Geburt. Beruhigend wirkt erst der vertraute Herzschlag der Mutter, wenn der Säugling auf ihre Brust gelegt wird.

Entscheidend ist, wie es nun weitergeht: Wie willkommen ist jetzt das Baby? Wie wird es versorgt, berührt, gestreichelt, gehalten und liebkost? Die Bindung an die Mutter ist von größter Bedeutung. Das bekannte Urvertrauen kann sich nur so in der Seele des Kindes verankern. Die ersten Lernprozesse führen über die Haut. Der berühmte Lerntheoretiker Piaget nannte diese Form des Lernens sensumotorisch. Gestreicheltwerden wird normalerweise als angenehm erlebt. Wer diese elementaren Erfahrungen als Säugling nicht erleben durfte, hat möglicherweise Schwierigkeiten mit Hautkontakt, was in Liebesbeziehungen zu Komplikationen führen muss. Es gibt sie, die Unberührbaren, die Nähe und liebevollen Hautkontakt nicht ertragen können. Wenn die Mutter-Kind-Beziehung schwer gestört ist, kann dies schon bei Kindern zu entsprechendem Verhalten führen. Zwangsläufig muss dies später in engen Beziehungen zu großen Problemen führen. Die Sehnsucht nach Liebe und Zuneigung ist zwar groß, aber ohne dass man sie irgendwie erreichen könnte.

Der englische Kinderarzt Winnicott hat ein wunderbares Bild für die emotionale Bindung zwischen Mutter und Kind gefunden, als er formulierte: *Der Glanz in den Augen der Mutter ...* Ihre Freude über das Kind, ihre tiefe Liebe kann so in der Seele Platz nehmen. So wird das Selbstwertgefühl förmlich grundgelegt. Hier ist die Basis dafür, dass sich ein Mensch willkommen fühlt. Dies ist ganz anders, wenn es nicht möglich ist, die elterliche Liebe zu integrieren. Viele Menschen leben mit dem Grundgefühl, nicht willkommen zu sein. Während meiner therapeutischen Arbeit sind mir immer wieder Menschen begegnet, die in ständigem Misstrauen leben mussten. Auch wenn ihr Gegenüber sie wirklich mochte und dies deutlich zum Ausdruck brachte, waren sie unfähig, daran zu glauben. Tief in ihrem Inneren blieben Zweifel und Ängste, ob sie wirklich willkommen waren. Manche benötigten immer wieder die Bestätigung, dass sie tatsächlich geliebt wurden.

Die Wurzeln zur Entwicklung des Selbstwertgefühls werden bereits im Mutterleib grundgelegt: Wie steht die Mutter zu dem, was sich in ihrem Körper bildet? Spürt sie Freude, Glück, Schrecken, Angst oder Ablehnung? Unweigerlich wird die innere Haltung der werdenden Mutter Einfluss auf die Seele des Kindes haben.

Säuglinge brauchen, wie bereits gesagt, Hautkontakt und liebevolles Streicheln, sie lernen zunächst über die Haut. Auch die Sprache, die Satzmelodie, ist von entscheidender Bedeutung, eine Sprache, die liebevolle Hinwendung beinhaltet. Das kleine Wesen bekommt alle Stimmungen und Gemütszustände der nahen Bezugsperson mit. Intuitiv nimmt es wahr, mit welcher Haltung sein Gegenüber ihm begegnet. Reagiert die Mutter beispielsweise überfordert, erzeugt dies Angst und entsprechende Reaktionen wie z. B. Schreien, was die Überforderung der Mutter wiederum weiter verstärkt. Vorteilhaft ist, wenn jemand die Mutter entlasten kann, beispielsweise, wenn diese unter Schlafmangel leidet.

Aus entwicklungspsychologischer Sicht ist es schädlich, Kinder zu früh in eine Kita zu geben. Zumindest während des ersten Lebensjahres sollte eine stabile Bezugsperson für das Baby zur Verfügung stehen. So wird das Grundgefühl, willkommen zu sein auf dieser Welt, mit allen Fasern seines Daseins spürbar, es wird zur Gewissheit. Sicherheit und Urvertrauen entstehen, im Gegensatz zu Angst und Unsicherheit.

> **!** Zeig deinem Kind immer wieder, dass es willkommen ist!

Die Bindung zwischen Mutter und Kind und etwas später die zwischen Vater und Kind sind die wichtigsten Elemente für die seelische Entwicklung. Wer seinem Kind ein starkes Selbstwertgefühl vermitteln will, sollte dafür sorgen, dass es sich willkommen fühlt. Ein Kind will von beiden Elternteilen hören, dass sie es lieben und dass seine Existenz zum Wichtigsten in ihrem Leben gehört. Väter oder Mütter, die sich nicht um ihr Kind kümmern oder es nicht vorbehaltlos annehmen können, bahnen, ohne es zu wollen, in aller Regel eine unheilvolle Spur, was später nur mit Mühe korrigiert werden kann.

> **!** Du bist willkommen, so wie du bist, mit all deinen Vorzügen und Schwierigkeiten!

Die zweite Frage lautet: ***Genüge ich?***

Die zweite Frage ist für die Entwicklung des Selbstwertgefühls ähnlich bedeutend wie die vorhergehende. Wieder ist es sinnvoll, sich daran zu erinnern, dass die frühe Entwicklung besonders bedeutsam ist, denn wie bereits erwähnt, wird in den ersten sechs Lebensjahren das Fundament für die Entwicklung des Selbstwertgefühls grundgelegt.

Den Erwartungen der Eltern zu genügen, ihre Anerkennung zu erhalten, ist ein Urbedürfnis jedes Kindes, folglich wird es alles dafür tun, seinen Eltern zu gefallen.

Kinder, die ihren Eltern genügen, haben viel eher die Möglichkeit, unbeschwert aufzuwachsen. Dies bedeutet nicht, dass Eltern nicht auch Forderungen stellen dürfen, ihr Kind eventuell auch anspornen können. Für das Selbstwertgefühl ist aber diese grundsätzliche Haltung von größter Bedeutung: *Ich liebe dich, so wie du bist, du genügst mir immer.* Auch wenn du Fehler machst, auch wenn es eine schlechte Note gibt, auch wenn du ein Ziel nicht erreichst, bleibt meine grundsätzliche Haltung: *Du genügst immer, ich glaube an dich, es reicht, wenn du dich bemühst.* Ein Kind kann nur gut sein, wenn es glauben kann, dass es gut ist. Ein Kind wird dann böse, wenn es nicht daran glaubt, dass es gut ist.

Aus *Du genügst mir* wird für das Kind *Ich genüge mir.* Der eigene Glaube zählt, er liefert die wichtigste Energie zur Entwicklung des

Selbstwertgefühls. Ganz entscheidend ist also, dass die Eltern es schaffen, diesen Glauben, diese Überzeugung zu vermitteln, und dass es dem Kind gelingt, diese zu integrieren.

Die dritte Frage lautet: ***Bekomme ich genügend Liebe und Zuwendung?*** Die dritte Frage, die für das Selbstwertgefühl von zentraler Bedeutung ist, hängt eng mit den ersten beiden zusammen.

Ein Kind, das nicht willkommen war, trägt immer einen »Mangel« in sich. Und wer seinen Eltern nicht genügen konnte, musste auch das Gefühl entwickeln, zu wenig Wärme und Zuwendung zu bekommen. Es gibt jedoch auch Kinder, die grundsätzlich willkommen sind, ihren Eltern genügen, aber allein gelassen werden. Die Eltern haben keine Zeit für sie, da sie selbst z. B. unter einer extremen Arbeitsbelastung leiden oder sonst wie nicht zur Verfügung stehen.

Es geht um die innere Gewissheit, dass die Eltern da sind, wenn sie gebraucht werden.

Wird das Kind satt, satt in Bezug auf elterliche Liebe? Verwöhnung beispielsweise macht nicht satt, sondern immer hungriger – es reicht nie! Die Qualität der Liebe spielt eine entscheidende Rolle.

Es kann sein, dass eine alleinerziehende, berufstätige Mutter ihrem Kind das unbedingte Gefühl vermittelt, dass es geliebt ist, auch dann, wenn sie nicht anwesend ist. Später werden diese Erwachsenen sagen: *Meine Mutter musste sehr viel arbeiten, aber ich habe mich immer geliebt gefühlt.* Wird jedoch die Arbeit zum zentralen Lebensinhalt und das Kind öfter »vergessen«, entsteht genau das Gegenteil: *Immer war die Arbeit wichtiger als ich.* Auch eine gelangweilte Mutter oder ein unzufriedener Vater wird weniger das Gefühl vermitteln können, dass sie bzw. er das Kind liebt. Dies gelingt zufriedenen und ausgeglichenen Eltern viel eher.

Die natürlichen Bedingungen für eine gute Entwicklung finden Kinder bei Eltern, die eine liebevolle Beziehung miteinander führen. Lieben wird in der Familie gelernt. Eltern, die sich selbst lieben und diese Liebe mit dem Partner teilen, sind gleichzeitig Vorbilder für die Entwicklung eines starken Selbstwertgefühls. Mit etwas Abstand gesehen ist die beste Maßnahme die Arbeit der Eltern an der eigenen Selbstliebe. Denn unweigerlich gehen die Probleme, die Eltern haben, in die Seele des Kindes ein.

Eltern, die zu wenig Zeit für ihr Kind haben, greifen oft zu Mitteln, die einen gewissen Trost spenden sollen, wie Geschenke und Süßigkeiten. Sie wollen ihr schlechtes Gewissen beruhigen und die Dinge irgendwie geradebiegen, gleichzeitig vermitteln sie unbewusst jedoch so auch die Botschaft: *Du kommst zu kurz.* Das schlechte Gewissen der Eltern wird vom Kind intuitiv wahrgenommen. Die kurzfristige Beruhigung, die solch ein Seelentröster bewirkt, wird jedoch der Frustration bald wieder weichen.

Negative Programme schaden dem Selbstwertgefühl

Im Folgenden werden die tieferen Hintergründe für Störungen der Selbstwertentwicklung beschrieben. Hier geht es um die Frage der Auswirkungen, die destruktive Programme haben. Diese sind zum Teil dramatisch für die psychische Gesundheit.

Die negativen Programme werden in aller Regel versteckt, man schämt sich ihrer, sie sollen geheim bleiben. Oft sind sie ja auch gar nicht bewusst. Daher die Bezeichnung: *Geheime Programme.* Wer will schon von sich selbst sagen, dass er häufig das Gefühl hat, Erwartungen nicht zu genügen, oder dass er sich nicht willkommen fühlt. Schon Kinder verstecken ihre innere Not, und viele leiden stumm.

Das geheime Programm *Ich bin nicht willkommen*

Wie schon erwähnt, geht es um die Basis des Selbstwertgefühls. Wenn diese gestört ist, kommt es unweigerlich zu einer Störung der emotionalen Stabilität. Die Korrektur dieses Problems ist entsprechend schwierig. Viele Menschen tragen das Grundgefühl in sich, nicht willkommen zu sein. Dies ist in ihrem Glaubenssystem fest verankert. Häufig waren sie von vorneherein nicht willkommen.

Die Botschaften der Eltern können sehr unterschiedlich ausfallen:

!

Positive Botschaften:
Wir sind sehr glücklich, dass es dich gibt.
Ich bin gern mit dir zusammen.
Wir freuen uns, dass du da bist.
Du bist das große Glück in meinem Leben.
…

Negative Botschaften:
Ich (Wir) habe(n) eigentlich keine Kinder gewollt.
Du warst ein »Unfall«.

Wegen dir musste ich meine berufliche Karriere aufgeben.
Du bist genauso (schlecht) wie dein/e Vater/Mutter.
Du hast mein Leben zerstört.
Mir ginge es besser, wenn es dich nicht gäbe.
Ich hasse dich.
Du bist eine Last.
Immer machst du alles verkehrt.
...

Solche, mitunter beiläufig gesprochenen Sätze wirken oft wie tiefe Kränkungen, die in der Seele haften bleiben. In der Hypnotherapie, wo versucht wird, mit Hilfe der Hypnose Einfluss auf psychische Prozesse zu nehmen, ist die Rede von »Trancebotschaften.« Diese wirken tief in das Unbewusste hinein und können hier auf Dauer Schaden anrichten. Auch wenn diese Sätze vielleicht spaßig gemeint waren, entscheidend ist, was sie verursachen. In der Therapie bin ich immer wieder Menschen begegnet, die über Jahrzehnte bestimmte Sätze nicht vergessen konnten. Sie beinhalten eine Entwertung, die oft zur Selbstentwertung führt. Da ist ein Stachel, der Unbeschwertheit auf latente Weise beeinträchtigt. Offensichtlich gibt es bei vielen Menschen eine größere Sensibilität für das Thema Angenommensein. Nur allzu leicht können Zurückweisungen schwere Folgen haben. Darum sollte es nie einen Zweifel daran geben, dass ein Kind willkommen ist, egal wie es ist und was es macht.

Wenn ein Kind den elterlichen Erwartungen wenig oder nicht entspricht, kann es durchaus schwer sein, eine Haltung des Willkommens beizubehalten. Nicht selten bezahlen Eltern und Kind einen hohen Preis dafür, dass die Urbedürfnisse vernachlässigt wurden. Die Verhaltensauffälligkeiten, die auf diese Weise entstehen, bereiten im späteren Leben Kummer und Leid. Entscheidend ist, dass alles getan wird, um einem Kind zu vermitteln, willkommen zu sein. Vielen Eltern gelingt dies auch bei behinderten Kindern. Gerade sie erfahren ein hohes Maß an Zuwendung. Hier besteht eher die Gefahr, dass die Eltern dem Kind zu viel abnehmen, es verwöhnen. Dagegen erfahren Kinder, die nur geringe Abweichungen vom »Normalen« zeigen, häufig stärkere negative Aufmerksamkeit. Alles scheint sich um einen unwichtigen Makel zu drehen: eine Hautanomalie, eine kleine Unregelmäßigkeit im Körperbau etc. Eltern können lernen, ihr Kind auch dann zu lieben, wenn es nicht gänzlich den Normen entspricht. Dies gilt natürlich auch für bestimmte Charaktereigenschaften oder Verhaltensauffälligkeiten, die das Kind hat: Es erscheint zu langsam, zu ungelenk, zu wenig intelligent … Jedes Kind ist einmalig und darum besonders liebenswert.

Mütter, die nicht lieben können

Es ist völlig normal, dass Eltern ihr Kind mitunter auch als anstrengend und als Last empfinden. Entscheidend ist, dass dies kurze, vorübergehende Episoden sind. In den Medien erscheinen immer häufiger Mütter, die sich offen dazu bekennen, dass sie ihr Kind als große Einschränkung ihrer Freiheit empfinden und dass sie es bereuen, überhaupt Mutter geworden zu sein. Dies gilt als Tabubruch, da man als Mutter immer eine »gute Mutter« zu sein hat. Viele Väter, die sich nicht zu ihrem Kind bekennen, haben hier weniger oder keine Schuldgefühle. Dabei schadet auch der Vater, der sein Kind nicht lieben kann, dem Selbstwertgefühl des Kindes in ähnlicher Weise.

Sich zu seiner eigenen inneren Welt zu bekennen, ist zunächst richtig. Wer versucht, etwa die Ablehnung, die er oder sie gegenüber seinem Kind empfindet, zu verleugnen, wird letztlich wenig Erfolg damit haben, vor allem wird er/sie wenig echt wirken, das Kind wird die wahre Haltung ohnehin wahrnehmen. Es wird spüren, dass es letztlich immer wieder zurückgewiesen wird.

> **!** Unechte Zuneigung führt in die Konfusion. Die Kinder können dann ihrer Wahrnehmung nicht trauen. Die Folge ist Verunsicherung, auch in Situationen, wo sie sich eigentlich sicher fühlen könnten. Nur allzu oft wird dieses Problem in das Erwachsenendasein mitgenommen und führt in engen Beziehungen zu Unsicherheit und Verwirrung.

Die erfahrene offene Ablehnung ist verletzend und schädlich für die Selbstwertentwicklung des Kindes. Was in der Lebensphase des erwachsenen Menschen möglich bleibt, ist die Auseinandersetzung mit dem Problem.

Es gibt verschiedene Gründe, die zu einer Ablehnung des eigenen Kindes führen. Als Erstes ist die nicht seltene Wochenbettdepression zu nennen. Hier verursacht die hormonelle Umstellung nach der Geburt eine depressive Verstimmung. In dieser Situation leiden Mütter besonders unter Schuldgefühlen, weil sie keine Liebe für das häufig lange ersehnte Kind empfinden können. Sie benötigen ärztliche und psychotherapeutische Hilfe. Normalerweise klingt die Störung nach einigen Wochen ab.

Andere Gründe, die es schwer machen, ein Kind zu lieben, sind beispielsweise, dass der Vater den Erwartungen nicht entspricht. Eventuell ist die Beziehung während der Schwangerschaft zerbrochen, man kann den Partner nicht lieben oder der Vater ist unbekannt. Eventuelle Hassgefühle gegen den Erzeuger richten sich jetzt möglicherweise auch gegen das Kind, das vielleicht Ähnlichkeiten mit seinem Vater aufweist.

Für viele Mütter, die ihr Kind als Last erleben, sind die Einschränkungen, die dem eigenen Leben abverlangt werden, zu viel; sie sind überfordert oder wollen so nicht leben. Die berufliche Karriere, Freiheit und Freizeit kommen zu kurz. Die Existenz eines Kindes wird als Falle erlebt, aus der es kein Entkommen zu geben scheint.

Hier gilt das Prinzip: Je lauter jemand Nein schreit, je weniger jemand sich mit seiner Realität abfindet, desto schwieriger wird der Umgang mit den Gegebenheiten.

Menschen ohne Kinder haben auch Nachteile, da ihnen elementare Erfahrungen fehlen: das Wunder der Geburt des eigenen Kindes, die Liebe zwischen Eltern und Kind, die durch nichts zu ersetzen ist. Natürlich müssen Eltern eigene Bedürfnisse auch zurückstellen und mehr Kompromisse eingehen als jemand ohne Kinder. Je stärker sie ihre Rolle jedoch bejahen und auf das schauen, was sie in der Elternrolle gewinnen, desto einfacher fällt der eventuelle Verzicht, und sie wollen dann um nichts in der Welt tauschen.

Wer sein Kind nicht lieben kann, sollte sich die Frage stellen, wie es um die eigene Selbstliebe bestellt ist. Gibt es geheime Programme, die die Wertschätzung für die eigene Person behindern? Hat man eventuell selbst zu wenig Liebe erfahren? Gibt es Wunden, die nicht heilen wollen? Psychotherapie ist möglicherweise ein Weg, sich selbst und damit indirekt dem eigenen Kind zu helfen.

Ohne das eigene Leben auf den Prüfstand zu stellen, ist keine Veränderung möglich. Erst wenn man sich den wesentlichen Dimensionen im Leben wieder zuwendet und eine tiefere innere Verbundenheit mit allen Dingen erlebt, können Selbstliebe und Liebe wachsen. Eine wirksame Methode, in diesen Zustand zu gelangen, ist Meditation.

Liebe kann man nicht erzwingen, aber man kann das Lieben lernen. Ein Zugewinn an Selbstliebe führt in aller Regel auch dazu, das eigene Kind mehr lieben zu können.

Wenn ein Elternteil fehlt

Wie bereits gesagt, wollen Kinder von beiden Elternteilen die Bestätigung, dass sie willkommen sind. Fehlt ein Elternteil, wird sich das Kind voraussichtlich lebenslang nach der Liebe sehnen, die es vermissen musste. Mutterliebe und Vaterliebe sind durch nichts zu ersetzen.

> Für das Selbstwertgefühl zählt das Negative viel stärker als das Positive. !

Das Negative wird gewöhnlich durch Positives nicht aufgehoben. Ein typisches Beispiel sind alleinerziehende Eltern, die versuchen, den fehlenden Elternteil zu ersetzen. Sie leiden mit ihrem Kind darunter, dass Vater oder Mutter fehlt und versuchen, das Defizit auszugleichen. Doch so sehr sie sich auch bemühen, sie werden die Tatsachen nicht verändern können. Die unterschwellige Botschaft wird sein: *Du bist im Nachteil. Du bist bei deiner Mutter / deinem Vater nicht willkommen …*

Bei Kindern, die einen Elternteil entbehren mussten, bleibt häufig eine Zwiespältigkeit zurück, sie fühlen sich nicht »komplett« und vollständig. Irgendwie stimmt etwas nicht, die Bestätigung durch den zweiten Elternteil wird bewusst und unbewusst schmerzlich vermisst. Die Botschaft *Du bist willkommen* ist das Fundament, auf dem das Selbstwertgefühl ruht, und Kinder benötigen sie von beiden Elternteilen. Siehe dazu auch das Kapitel über alleinerziehende Eltern.

Typische Folgen des geheimen Programms *Ich bin nicht willkommen*

Das deutlichste Symptom ist Misstrauen in Beziehungen. Auch wenn man diesen Kindern echte Zuneigung und Wertschätzung entgegenbringt, können sie nicht glauben, dass sie wirklich willkommen sind. Sie erwarten, enttäuscht zu werden, was dann in aller Regel auch geschieht. Unbewusst wird Ablehnung provoziert und so die Scheinsicherheit erzeugt, dass die Welt tatsächlich nach dem bestehenden inneren Programm *Ich bin nicht willkommen* funktioniert – wenigstens hierin scheint Sicherheit zu bestehen!

Das geheime Programm *Ich bin nicht willkommen* verursacht Wut. Kinder, die nicht willkommen sind, reagieren meist mit aggressivem Verhalten. Dabei können sich die Aggressionen nach außen gegen die Umwelt oder nach innen gegen die eigene Person richten. Durch ihre Aggressionen sorgen sie für Verhaltensauffälligkeiten und in der Folge für

Bestrafung. Insbesondere aber sorgen sie dafür, dass sie Ablehnung erfahren: Sie sind tatsächlich nicht willkommen, womit sich der Teufelskreis schließt.

Selbstverletzendes Verhalten bis hin zum Suizid ist immer Ausdruck einer tiefen Verzweiflung und Folge des geheimen Programms *Ich bin nicht willkommen,* das in diesen Fällen sehr extrem auftritt. Viele verhaltensauffällige Kinder machen mit ihrem delinquenten Benehmen darauf aufmerksam, dass sie dieses zerstörerische Programm in sich tragen. In der Fachsprache handelt es sich hier oft um Kinder mit Borderlinerisiken. Bei Kindern spricht man nicht von einer Borderlinestörung, um sie nicht früh zu stigmatisieren. Borderline meint, dass diese Menschen immer bis an die Grenze, bis an das Äußerste gehen müssen und sich auf dem sicheren Ufer nicht wohlfühlen können. Sie finden in sich selbst keine Sicherheit und sorgen für Chaos. Um ihrer starken Angst entgegenzuwirken, zeigen sie sich immer wieder ungestüm, unbeherrscht und zerstörerisch. Ihre Aggressionen richten sich, wie bereits gesagt, gegen die eigene Person, gegen Gegenstände oder auch gegen andere Menschen oder auch Tiere. Letztlich findet der Glaube, nicht willkommen zu sein, durch dieses Verhalten immer wieder Bestätigung. Für Lehrerinnen und Erzieher sind solche Kinder extrem anstrengend, und das Bedürfnis, sich ihrer zu entledigen, ist groß.

> ! Bestrafungen sind für das Selbstwertgefühl immer nachteilig und letztlich nicht zielführend. Es kann notwendig sein, ein Kind für kurze Zeit von anderen Kindern zu trennen, damit es beispielsweise ruhiger wird. Dies sollte weniger eine Strafe, sondern eine Hilfe sein.

Gegenprogramme

Aus der Selbstwertanalyse, die weiter hinten ausführlich erklärt wird, stammt der Begriff »Gegenprogramme«. Damit sind alle Maßnahmen und Verhaltensweisen gemeint, die eingesetzt werden, um das Problem auf direkte Weise zu beseitigen. Dabei wird fast immer zu den falschen Mitteln gegriffen. Wenn die Wurzeln eines Baumes krank sind, ist der Versuch, die Blätter zu kurieren, wenig hilfreich.

Jasmin fing mit dreizehn Jahren an zu »schnippeln«. Wenn sie mit einer Rasierklinge die Haut an ihren Unterarmen ritzte, empfand sie eine gewisse Erleichterung. Immer wenn sie mit negativen Gefühlen konfrontiert war, praktizierte sie dies wie ein Ritual. Allmählich entwickelte sich das Schnippeln zu einem Suchtverhalten, Jasmin war es nicht möglich, damit aufzuhören.

In der Selbstwertanalyse wird das Schnippeln als Gegenprogramm identifiziert. Jasmin erlebt zunächst eine gewisse Erleichterung, aber letztlich wird das Problem schlimmer. An diesem Beispiel wird deutlich, dass es nicht ausreicht, nur an dem Symptom zu arbeiten. Solange die Störung des Selbstwerts nicht behoben wird, kann es keine Heilung geben. Geheime Programme haben die Eigenschaft, sich immer wieder neu zu installieren, wie noch zu erkennen sein wird. Jasmin war wütend auf sich, weil sie es nicht schaffte, mit dem Schnippeln aufzuhören. Diese Wut verstärkte wiederum den Druck, sich selbst zu verletzen.

Im Folgenden werden häufige Versuche zur Problemlösung (Gegenprogramme) beschrieben, die jedoch untauglich sind und die Problematik letztlich verschlimmern. Vonnöten sind vielmehr wirksame Lösungen.

- *Das Gegenprogramm Anpassung*
  Wenn ein Kind das Programm *Ich bin nicht willkommen* in sich trägt, ist dies eine tiefe Wunde, die ständig neu aufbricht und quält. Darum wird es mit allen ihm zur Verfügung stehenden Mitteln dafür kämpfen, dass es sich willkommen fühlt.

  Ein Gegenprogramm besteht beispielsweise in *übertriebener Anpassung* und im *Kampf um Liebe*. Aus einem Kind wird ein kleiner Diener, ein Wesen, das alles tut, um geliebt zu werden. Gegenprogramme sollen zum Ziel führen. Dies muss jedoch eine Illusion bleiben. Selbst wenn der kleinen Dienerin oder dem kleinen Diener wirkliche Zuneigung und echte Wertschätzung entgegengebracht werden, musste er/sie sich dafür verbiegen, unterwerfen und das eigene Ich verraten.

  Es kann durchaus sein, dass es kleinen Kindern auch Spaß macht, für andere etwas zu tun. Entscheidend ist, vor welchem Hintergrund dies geschieht. Immer wenn es ein Versuch ist, einen Mangel an innerer Sicherheit zu kompensieren, werden falsche Signale vermittelt. Hier wird nicht wahrgenommen, dass man für Liebe nichts tun muss, im Gegenteil. Die innere Programmierung lautet: *Ich muss viel tun, um geliebt zu werden.* Das Problem ist durchaus auch noch bei vielen Erwachsenen zu erkennen, die ständig glauben, hinter Liebe herlaufen zu müssen und geschenkte Liebe kaum annehmen und integrieren können, da sie diese nicht für »echt« halten. So suchen und finden sie beispielsweise Partner, von denen sie dann zurückgewiesen und abgelehnt werden.

Mit etwas Abstand ist zu erkennen, dass die genannten Bemühungen vergeblich sind und bleiben müssen. Die Folge ist eine tiefe Verzweiflung, die im Laufe der Zeit stärker werden muss.

Die Anpassung ist als Problemlösung untauglich, und so ist es kein Wunder, dass das Verhalten oft »umschlägt« in Trotz, Wut, Zerstörung und Provokation.

> **!** Bei Kindern, aber auch bei Erwachsenen, die nicht willkommen sind, werden oft zwei Extreme beobachtet: Einmal zeigen sie sich angepasst, weich und sehr verletzlich, wenig später wütend, aggressiv und zerstörerisch. Schwarz oder Weiß, dazwischen scheint es wenig zu geben. Da es keine innere Sicherheit gibt, bestimmt Chaos das Leben.

- *Das Gegenprogramm Verhaltensstörungen*
  Verhaltensstörungen werden erst dann verständlich, wenn die tieferen Probleme erfasst werden. Wenn sie keine organischen Ursachen haben, entstehen sie fast immer vor dem Hintergrund eines gestörten Selbstwertgefühls, also negativer innerer Programme. Nur wenn diese verstanden werden, kann effektiv an ihrer Auflösung gearbeitet werden. Kinder, die stehlen, lügen, fortlaufen, die Leistung in der Schule verweigern etc., versuchen im Grunde, ihre Situation zu verbessern, sich von quälenden inneren Programmen zu befreien. Ihre Versuche, durch ihr problematisches Verhalten eine sofortige Erleichterung zu bewirken, sind jedoch auf Dauer leicht als untauglich zu erkennen. Oft steckt hinter Verhaltensauffälligkeiten Trotz, dies drückt sich mitunter auch in Aggression aus.

  Negative geheime Programme verursachen immer Wut. Aggressivität ist dann oft der primäre Ausdruck einer tieferen, inneren Störung. Frustration sucht ein Ventil, wobei sich das Ausagieren von Aggressionen immer als Sackgasse erweist.

  Gegenprogramme haben immer die Tendenz sich selbst zu verstärken: Ein Kind, das sich häufig aggressiv zeigt, wird verstärkt abgelehnt und abgewertet. Seine geheimen Programme *Du bist nicht willkommen, Du genügst nicht* werden verstärkt. So schließt sich der

Teufelskreis, der voraussichtlich zu noch mehr Aggressivität führt. Hier wird deutlich, wie Probleme sich verselbstständigen.

Wenn ein Verhalten sich etabliert hat und fest verankert ist, wird Aggressivität zur dauerhaften Scheinlösung, als ob es keine Alternative gäbe. Alle Versuche, mit erzieherischen Mitteln – etwa mit gutem Zureden, Bestrafungen und Hoffen auf Einsicht und Besserung – einzuwirken, werden mit hoher Wahrscheinlichkeit nicht zum Ziel führen. Die Lösung liegt vielmehr darin, an den schädlichen inneren Programmierungen zu arbeiten. Alle Versuche, sie einfach abstellen zu wollen, sind zum Scheitern verurteilt.

- *Das Gegenprogramm Suchtmittel*
  Die ständige Unzufriedenheit mit sich selbst führt leicht zu Maßnahmen, die einen gewissen Trost spenden. Erwachsene konsumieren beispielsweise Alkohol, Cannabis oder andere Drogen, um sich zumindest zeitweise von den negativen Gefühlen zu befreien. Da hier Drogen zur Problemlösung eingesetzt werden, ist die Gefahr, von ihnen abhängig zu werden, groß. Die Suchtmittel bewirken positive Gefühle, die euphorisieren und den Glauben, nicht zu genügen, für kurze Zeit vergessen lassen. Zur Suchtentwicklung gehört, dass immer mehr von der Droge benötigt wird, um die gewünschte Wirkung zu erreichen.

  Da Kinder in der Regel nicht die Gelegenheit haben, Drogen zu konsumieren, greifen sie zu anderen Seelentröstern. Der Konsum von Süßigkeiten, Chips und anderen stark kohlehydratreichen Lebensmitteln wirkt beruhigend. Leicht kann es auch hier zu einem suchtartigen Verlangen kommen. Die Folge ist oft Übergewicht, welches wiederum das geheime Programm *Ich genüge nicht* verstärkt. Auch in Deutschland beginnen immer wieder Kinder aus sozialen Brennpunkten bereits mit acht Jahren mit dem Konsum von Cannabis.
- *Das Gegenprogramm Computerspiele*
  Eine weitere verbreitete Methode, aus einer unbefriedigenden Realität zu flüchten, sind Computerspiele. Auch hier kann es zu suchtartigem Konsum kommen, wenn sie gegen Frustration und Minderwertigkeitsgefühle helfen sollen. Auf Dauer stellen sich jedoch genau diese negativen Gefühle verstärkt ein, da andere wichtige und notwendige Tätigkeiten sowie die sozialen Beziehungen vernachlässigt werden – ein Teufelskreis.

  (Eine Liste von Merkmalen zu beginnender bzw. bestehender Abhängigkeit von Computerspielen befindet sich im Anhang.)

Das neue Programm *Ich bin willkommen*

Es gilt also, die vorliegende schwere Störung zu bearbeiten, statt vergeblich zu versuchen, mit Gegenprogrammen das Selbstwertproblem zu lösen. Doch wie korrigiert man etwas, das tief »eingefleischt« ist, sozusagen »mit der Muttermilch aufgesogen« wurde? Was kann hier helfen? Die richtige Antwort lautet: Das neue Programm *Ich bin willkommen.* Es geht um die Kunst, ein neues Programm zu installieren.

Die betroffenen Kinder brauchen konstante Bezugspersonen, die trotz aller Widerstände an der Botschaft festhalten: *Du bist willkommen*, damit auf dieser Basis das neue Programm *Ich bin willkommen* entstehen kann. Die Eltern lassen sich nicht irritieren, auch wenn diese Kinder unbewusst versuchen, mit Hilfe von Aggression und Provokation immer wieder davon zu überzeugen, dass sie nicht willkommen sind. Erzieherinnen und Lehrer, die das Problem tiefer verstanden haben, wissen, dass Aggressionen, die ein Kind gegen sie richtet, eigentlich einer anderen Person gelten, nämlich der, die früh nicht anwesend war, als man sie dringend gebraucht hätte. Gegen alle Widerstände muss diesen Kindern immer wieder gezeigt werden, dass sie willkommen sind. Vor allem darf nicht erwartet werden, dass sich das neue Programm rasch etabliert. Der entscheidende Schritt ist getan, wenn das Kind beginnt, selbst daran zu glauben, dass es willkommen ist. In dem Maße, wie es diesen Glauben entwickelt, wird sich sein Verhalten in eine positive Richtung verändern. Anzeichen hierfür sind: sich einer Gruppe stabiler zugehörig fühlen, weniger für Ablehnung sorgen müssen, weniger fremd- oder selbstverletzendes Verhalten.

Ältere Kinder und Jugendliche können mit Hilfe der Selbstwertanalyse direkt auf ein neues Programm hingewiesen werden. Wenn sie verstanden haben, dass ihr inneres Programm *Ich bin nicht willkommen* für ihr mitunter bizarres Verhalten verantwortlich ist, können sie eher dafür gewonnen werden, ihr Programm zu ersetzen.

Wie wird das neue Programm *Ich bin willkommen* installiert?

Für die Integration neuer Programme gelten bestimmte Regeln. Zunächst ist das Hier-und-Jetzt-Prinzip zu nennen. An einem neuen Programm kann immer nur in der Gegenwart gearbeitet werden, nicht in der Vergangenheit und nicht in der Zukunft. Immer ist gerade dieser Moment der richtige Zeitpunkt. Die nachfolgenden Erklärungen gelten für Erwachsene und Kinder.

Wenn das neue Programm *Ich bin willkommen* lautet, sollten die Betroffenen sich diesen Satz immer wieder sagen. Gleichzeitig richten sie den Blick dahin, bei wem sie tatsächlich willkommen sind. Sie müssen lernen, an etwas zu glauben, das sie bis dahin nicht glauben konnten. Bisher schauten sie verstärkt immer dahin, wo sie nicht willkommen waren, und beschäftigten sich emotional mit diesem Problem.

Eventuell ist es eine Tatsache, dass ein Kind bei seinen Eltern nicht oder nur unzureichend willkommen war, etwa bei dem einen Elternteil willkommen, bei dem anderen jedoch nicht. Das Wichtigste im Leben ist aber, dass ein Mensch sich selbst willkommen heißt. Nur so kann sich eine unabhängige, selbstbewusste Persönlichkeit bilden. Kinder, die willkommen waren, können diesen Reifeschritt viel selbstverständlicher tun. Das neue Programm *Ich bin willkommen* hilft auch denen, die mit Zweifeln an ihrer Existenzberechtigung leben müssen.

Ein weiterer wichtiger Aspekt bei der Integration eines neuen Programms ist das damit verbundene Gefühl, das positiv und stark sein sollte. Viele Betroffene glauben erst gar nicht, dass sie ein neues Programm verdient haben, viel zu tief sitzt das Misstrauen. Hier sollte zunächst erarbeitet werden, dass jeder Mensch gleichwertig ist und eine selbstverständliche Daseinsberechtigung hat. Wenn dies erreicht ist, wird das neue Programm mit einem positiven Gefühl »aufgeladen«. Immer wenn man daran denkt, muss es ein Lächeln auf das Gesicht zaubern. Die Gewissheit, auf dieser Welt willkommen zu sein, muss ein freudiges Gefühl verursachen – so oft wie möglich. Ein neues Programm will immer wieder gefeiert werden.

Niemand kann bei allen Menschen willkommen sein, das Wichtigste ist, dass man bei sich selbst willkommen ist. Nur wenn diese Art der Selbstbejahung gegeben ist, wird Heilung möglich. Auch Kindern kann der neue Blickwinkel vermittelt werden: *Schau dahin, wo du willkommen bist, und freue dich darüber.* Nicht selten bedarf es hierfür eines längeren Prozesses, der therapeutische Unterstützung benötigt.

Das größte Problem bei der Installation eines neuen Programms ist die Tendenz des Vergessens. Nur allzu leicht stellen sich die früheren destruktiven Programme und damit das entsprechende problematische Verhalten wieder ein. Die typischen Gegenprogramme werden wieder aktiviert, erneut bricht beispielsweise Wut durch, die sich mit zerstörerischer Energie gegen die eigene Person bzw. gegen andere richtet. Die Fähigkeit, auch mit schwierigen Situationen umzugehen, ohne gleich in die bekannten Gegenprogramme zu verfallen, will geübt werden. Der Vorteil der Arbeit mit neuen Programmen besteht darin, dass man jederzeit zu ihnen zurückkehren kann, sie wirken im Hier und Jetzt.

Zusammenfassung

Die Basis für ein gutes stabiles Selbstwertgefühl ist die innere Gewissheit, auf dieser Welt willkommen zu sein. Dafür benötigt ein Kind die unbedingte Wertschätzung beider Elternteile. Besonders im ersten Lebensjahr ist die Mutter von zentraler Bedeutung. Die Liebe der Eltern erfüllt die Seele des Kindes und ist die Grundlage für die Entwicklung von Selbstliebe.

Die Ablehnung durch einen Elternteil kann nicht ohne Weiteres durch den anderen ausgeglichen werden. Die Kränkung durch eine solche Zurückweisung wirkt in der Regel wie ein Stachel in der Seele, führt zu Störungen des Selbstwertgefühls und in der Folge zu psychischen Problemen.

Das geheime Programm *Ich bin nicht willkommen* hat negative Folgen für die seelische Gesundheit. Es fehlt das Vertrauen in die Welt und in die Beziehung zu anderen Menschen, denen man nicht wirklich glauben kann, dass sie es gut meinen. Oft finden diese Kinder nicht genügend Sicherheit in sich selbst, so dass Ängste das Leben bestimmen.

Typische Gegenprogramme sind meist davon gekennzeichnet, dass man die Daseinsberechtigung erdienen, erkämpfen oder erarbeiten will. Jedoch müssen alle diese Versuche fehlschlagen, das Gefühl unbeschwerter Sicherheit und (von) Existenzberechtigung kann sich auf diese Weise nicht einstellen, und so kann sämtliches Bemühen in Zerstörungswut und Hass umschlagen. Frühe Ablehnung und Vernachlässigung führen im späteren Leben nicht selten zur Entwicklung eines Borderlinesyndroms, die Betroffenen finden in ihrem Inneren ein regelrechtes Chaos vor.

Mit Hilfe neuer Programme kann Einfluss auf die Verzweiflung genommen werden. Um das Selbstwertgefühl zu stärken, gilt es, das neue Programm *Ich bin willkommen* im Hier und Jetzt zu installieren. Dies wird dadurch möglich, dass man sich den Satz immer wieder sagt, dorthin schaut, wo man willkommen ist, und das neue Programm mit den positiven Emotionen »auflädt«, die mit der Vorstellung bzw. der Erfahrung des Willkommenseins verbunden sind. In vielen Fällen ist eine psychotherapeutische Unterstützung durch Kinder- und Jugendlichenpsychotherapeuten notwendig, da es sich um schwere Störungen der Selbstwertentwicklung handelt. Entscheidend ist, dass ein Kind allmählich immer deutlicher spürt, dass es willkommen ist. Es ist nicht ausreichend, lediglich die teilweise bizarren Verhaltensauffälligkeiten behandeln zu wollen. Solange das geheime Programm *Ich bin nicht willkommen* aktiv ist, wird es keine wirkliche Verbesserung geben können.

Das geheime Programm *Ich genüge nicht*

Wir freuen uns, dass du da bist, aber, du musst noch besser werden! Dieser Satz bringt eine Haltung zum Ausdruck, die in der Leistungs- und Konkurrenzgesellschaft nicht selten anzutreffen ist. So, wie ein Kind sich bei beiden Eltern willkommen fühlen will, hat es auch das Bedürfnis, beiden Eltern zu genügen. Schon sehr früh wollen Kinder den Applaus ihrer Eltern. Sie wollen gefallen und suchen Bestätigung. Der wesentliche Verstärker für die Entwicklung eines Kindes ist die Freude der Eltern über jeden Fortschritt. Dies ist wichtig und wertvoll, es fördert Motivation und Anstrengungsbereitschaft. Die Lust, auch schwierige Aufgaben zu bewältigen, will unterstützt werden. Aber wo sind die Grenzen und das gesunde Mittelmaß? Kinder können unterfordert und überfordert werden. Unterforderung führt dazu, dass sie nicht genügend lernen, sich anzustrengen. Überforderung führt unweigerlich zu dem geheimen Programm *Ich genüge nicht.* Das Kind fühlt sich abgewertet und kritisiert.

Die Bedeutung von Frühförderung haben Erzieherinnen und Pädagogen längst erkannt. In vielen Städten haben sich Pekip-Gruppen gebildet. Sie haben sich u. a. zur Aufgabe gemacht, die sozialen Fähigkeiten von Kleinstkindern zu fördern. Die Kontakte der Mütter untereinander erfüllen ein wichtiges Bedürfnis nach Kommunikation zwischen Menschen in einer ähnlichen Lebenssituation. Allerdings haben diese Gruppen unweigerlich einige Nachteile: Ohne es verhindern zu können, vergleichen Mütter die Entwicklung ihrer Kinder.

Vergleichen findet immer und überall statt. Für Kinder bedeutet es jedoch mitunter »Hochspannung«. Wenn Eltern erkennen, dass das eigene Kind in der Entwicklung weiter ist als andere, erfüllt sie dies wahrscheinlich mit Stolz; wenn sie dagegen sehen müssen, dass es im Vergleich zurückliegt, werden womöglich Sorge und Enttäuschung das dominante Gefühl sein. Unweigerlich wird das Kind intuitiv die Gefühle der Mutter oder des Vaters wahrnehmen. Babys können zwar noch nicht sprechen, aber fühlen. Ihre Seele ist weit offen für Eindrücke und Ereignisse.

Nahezu alle Forscherinnen und Forscher sind sich darin einig, dass frühe Erfahrungen prägenden Einfluss haben. Das Kind fühlt, wenn es nicht genügt, und wird sich diesbezüglich schlecht fühlen. Hier wird schon sehr früh ein wichtiges negatives Programm installiert. Das Gefühl, nicht zu genügen, wird fest verankert. Welche gravierenden Nachteile dies für das Selbstwertgefühl und allgemein für das Lebensglück hat, wird noch ausführlich behandelt.

Tim ist ein mittelmäßiger Schüler. Seine zwei Jahre ältere Schwester Lena glänzt dagegen mit guten Schulleistungen. Immer wieder erklären die Eltern sie zu Tims Vorbild. Die eindeutige Botschaft lautet: Du genügst nicht!

Die Folgen für Tims Wertgefühl sind mit großer Wahrscheinlichkeit fatal. Er nimmt das Grundgefühl, nicht zu genügen, mit in sein weiteres Leben. Es wird auch dann eine Rolle spielen, wenn Tim Erfolg hat, eine gute Leistung erbracht, vielleicht eine Prüfung bestanden hat … Warum dies so ist, wird weiter unten genauer erklärt.

Die Möglichkeiten, dass der Vergleich mit anderen Kindern negativ ausfällt, sind außerordentlich zahlreich. Nicht nur Geschwister kommen als Konkurrenten in Frage, sondern auch Cousinen und Cousins, Kinder von Freunden der Eltern, Kinder in der Nachbarschaft usw. Oft gibt es, ohne dass dies besonders bewusst ist oder gar explizit ausgesprochen wird, eine unterschwellige Konkurrenz zwischen Elternpaaren.

Wenn Kinder älter werden, beginnen sie selbst, sich mit anderen zu vergleichen. Dies geschieht vor dem Hintergrund der früh erworbenen inneren Programme. Ein Kind, das seinen Eltern nicht genügen konnte, wird mit großer Wahrscheinlichkeit stärker mit anderen konkurrieren oder früh resignieren.

Wie trennt man den persönlichen Wert eines Kindes von seinen Leistungen? In unseren Köpfen ist der Glaube *Wer viel leistet ist viel wert, wer wenig leistet, ist wenig wert* fest verankert. Auch unbewusst wird diese Haltung vermittelt, sie muss nicht ausgesprochen werden. Daher ist es wichtig, sie offensiv zu bearbeiten, etwa indem sie besprochen wird. Nur wenn Vater und Mutter selbst den Glauben in sich tragen, dass der Wert ihres Kindes nicht von seinen Leistungen abhängig ist, kann diese Haltung auch dem Kind vermittelt werden.

Kinder wollen die unbedingte Wertschätzung von ihren Eltern. Viele Erwachsene leiden lebenslang unter der mangelnden Wertschätzung, die sie seitens eines Elternteils erfuhren. Typischerweise führen sie »Stellvertreterkriege«, etwa wenn sie um die Anerkennung von Vorgesetzten kämpfen, wenn sie in Autoritätskonflikte geraten oder glauben, um die Anerkennung des Partners kämpfen zu müssen. Die alte Wunde soll geschlossen werden. Dies geschieht jedoch auf einer ganz anderen Bühne und mit anderen Darstellern. Klar ist, dass es hier keinen Erfolg geben kann. Mit traumwandlerischer Sicherheit findet man nämlich solche Menschen, mit denen sich das Drama wiederholt. Selbst wenn man einen oder mehrere »Etappensiege« erringen kann, bleibt die innere Programmierung *Ich genüge nicht* bestehen. Solange der Kampf um Wertschätzung und Anerkennung andauert, ist Heilung nicht möglich.

Liebe wird oft mit Anerkennung verwechselt

Ein Kind will spüren, dass es wichtig und wertvoll für seine Eltern ist, nur so wird es sich geliebt fühlen. Wenn es immer wieder erleben muss, dass beispielsweise ein Geschwisterkind von den Eltern wegen seiner guten Leistungen gelobt wird, entsteht eventuell eine verhängnisvolle Annahme: Es glaubt, dass die Eltern das Geschwisterkind wegen seiner guten Leistungen mehr lieben, nach der Devise: *Wer bessere Leistungen erzielt, wird auch mehr geliebt.* Millionen Menschen tragen das unheilvolle Programm *Ich muss viel tun, um geliebt zu werden* in sich. Sie wünschen sich Lob und Anerkennung, um sich gut zu fühlen und zu erleben, dass sie genügen. Vielfach lassen sie sich dafür ausbeuten, erledigen Arbeiten, für die sie keinen Lohn bekommen, und bleiben letztlich unzufrieden zurück. Anerkennung wird mit Liebe verwechselt. Wahre Liebe kennt jedoch keine Bedingungen, etwa die, dass man eine Leistung erbringen muss. Das Drama besteht weiterhin darin, dass die Betroffenen Liebe auch mit den besten Leistungen nicht erarbeiten können. Sie geraten in einen Teufelskreis, mit dem Zwang, immer weiter und immer mehr leisten zu müssen.

Man kann die Leistung eines Menschen anerkennen, dafür muss man ihn nicht lieben. Anerkennung und Liebe sind zwei völlig verschiedene Dinge, die von vielen jedoch vermischt werden. Fans lieben ihren Star, obwohl sie ihn in seiner gesamten Persönlichkeit gar nicht kennen. Eventuell sind bestimmte Charaktereigenschaften überhaupt nicht liebenswert. Sie sind verliebt in das Bild, das sie von ihm haben.

Von höchster Bedeutung ist daher, dass Kinder früh lernen, dass sie nicht wegen ihrer Leistung geliebt werden. In einer Leistungs- und Konkurrenzgesellschaft ist dies nicht immer leicht zu vermitteln. Eltern haben die Aufgabe, mit ihrem Kind über diese Selbstverständlichkeiten zu sprechen. Sprache ist immer der wichtigste und beste Weg, Botschaften zu transportieren. Diese müssen jedoch mit Haltung, Mimik, Gestik und dem Verhalten übereinstimmen. Mit anderen Worten: Sie sollen authentisch und echt sein. Eltern können nur die Einstellungen glaubhaft vermitteln, die sie tatsächlich in sich tragen. Für Tim wäre es daher wichtig, daran glauben zu können, dass er von den Eltern nicht weniger geliebt wird als seine Schwester. Für sein Selbstwertgefühl gilt ausschließlich *sein eigener* Glaube. Wenn er zunächst die Überzeugung gewonnen hat, dass seine Schwester aufgrund ihrer Leistung vorgezogen wird und mehr wert ist als er, lässt sich dies nur schwer korrigieren. Letztlich wird es darauf ankommen, wie viel Zufriedenheit Tim in sich selbst finden kann. Dazu benötigt er unbedingt positive innere Programme.

Abwertungen führen zu Selbstabwertungen

Kinder werden besonders häufig beurteilt, kritisiert und abgewertet. Nicht nur Eltern, Erzieher, Lehrerinnen und andere wichtige Bezugspersonen üben Kritik und vermitteln so die Botschaft *Du genügst nicht.* Kinder kritisieren und beschimpfen sich auch gegenseitig. Es bedarf schon eines stabilen Selbstwertgefühls, damit diese Attacken keinen großen Schaden anrichten.

Besonders während der ersten Lebensjahre haben die Eltern den größten prägenden Einfluss. Manchmal sind es unbedacht gesprochene Sätze, die tief wirken: *Ich bin enttäuscht von dir. Du kannst nichts. Immer bist du der/die Letzte. Wie kann man nur so dumm sein …* Eltern können nicht perfekt sein, und so ist es normal, dass sie auch Fehler machen und unbedachte Worte sprechen. Meistens ohne gravierende Folgen. Wenn die Sätze jedoch die grundsätzliche Haltung *Du genügst nicht* spiegeln, haben sie eine starke negative Wirkung.

Auch Kinder reden innerlich ständig mit sich selbst, und so graben sich häufige Abwertungen in Form von Selbstabwertungen in ihre Seele ein. Manche Menschen begleiten sie ein Leben lang. Ihr Selbstwertgefühl ist geschädigt, wie von einem Virus befallen. Es zu heilen, ist nicht einfach.

Eltern sollten ihren Kindern vermitteln: Ich weiß, dass du nicht perfekt bist, und das musst du auch gar nicht sein. Ich liebe dich so, wie du bist.

!

Typische Folgen des geheimen Programms *Ich genüge nicht*

Die Auswirkungen des geheimen Programms *Ich genüge nicht* sind bei Kindern und Erwachsenen ähnlich. Millionen Menschen leiden unter dem Grundgefühl, nicht zu genügen. Dies äußert sich in den unterschiedlichsten Situationen in Selbstzweifeln und führt in sozialen Kontakten zu Unsicherheit. Die Folge sind *soziale Ängste*, die sich z.B. in Angst vor Autoritäten, vor Ämtern, vor Gruppen, vor bestimmten Personen, eventuell auch im Umgang mit den eigenen Eltern äußern.

Häufige Selbstzweifel sind nahezu unvermeidlich, weil das geheime Programm *Ich genüge nicht* sich immer wieder meldet, auch wenn etwas Positives erreicht wurde. Die Frage lautet nämlich dann: *War das genug? Hätte ich das nicht noch besser machen können?* Gerade im Fall von Erfolg meldet sich das geheime Programm *Ich genüge nicht.* Nicht selten ist bei diesen Menschen eine mehr oder weniger starke Angst vor Erfolg zu beobachten. So gelingt es ihnen nicht, positive Fortschritte zu genießen und sich daran zu freuen. Wie ein roter Faden zieht sich die Programmierung durch die Zeit, und auch die größten Erfolge ändern nichts daran. Diese Menschen, ob Kinder oder Erwachsene, leiden unter ihren Minderwertigkeitsgefühlen. Unbewusst machen sie sich selbst dafür verantwortlich, dass sie es nicht schaffen, die negativen Gefühle abzustellen. So entstehen Ärger und Wut auf die eigene Person. Da dies ein dauerhaftes und immer wiederkehrendes Problem ist, schadet es der Persönlichkeit sowie der psychischen Gesundheit. Unbeschwertheit und Selbstliebe sind eingeschränkt.

Auch Kinder entwickeln auf diese Weise Angststörungen und depressive Episoden. Weil sie befürchten zu versagen, trauen sie sich wenig zu, gehen Konflikten oftmals aus dem Weg. Mitunter werden sie sogar leichter zum Mobbingopfer. Die freie Entfaltung der Persönlichkeit wird durch die Selbstzweifel behindert, sie bleiben hinter ihren Möglichkeiten zurück. Die häufigsten Folgen sind Resignation, nach dem Motto »Es wird sowieso nicht reichen« oder auch falscher Ehrgeiz: Sie versuchen, das geheime Programm mit Leistung und Erfolg abzustellen.

Bei vielen Menschen, auch Kindern, ist die Sucht nach Anerkennung zu beobachten. Sie machen sich abhängig davon, dass sie Lob und Anerkennung für Leistungen bekommen, die sie eigentlich gar nicht erbringen wollen oder können. Ein Lob reicht jedoch immer nur für kurze Zeit, bald stellt sich das Verlangen nach mehr ein. Dafür sind dann erneute Anstrengungen notwendig. Ungewollt entsteht eine Dynamik, die darin besteht, dass das Kind sich anpasst, innerlich verbiegt und alles tut, um zu gefallen. Dies birgt die Gefahr, dass sich im Laufe der Zeit eine abhängige Persönlichkeit entwickelt. Das Kind traut sich nicht mehr, seine eigene Persönlichkeit zu leben, mit echten Wünschen, Bedürfnissen und Meinungen. Der unbedingte, dringende Wunsch zu genügen unterdrückt das wahre Naturell.

Mit etwas Abstand ist zu erkennen, dass das Gegenteil von dem erreicht wird, um das sich mit großer Anstrengung bemüht wird. Nicht das Gefühl zu genügen wird sich einstellen, sondern eine tiefe Verzweiflung, da alle Anstrengung letztlich vergeblich ist. Das geheime Programm *Ich genüge nicht* kann zu Hoffnungslosigkeit und Ausweglosigkeit führen, die sich in Trotz und Aggressivität entladen (die Aggressivität richtet sich nach außen) oder aber in einer resignativen, depressiven Haltung (die Aggressivität richtet sich gegen die eigene Person) münden.

Die Missstimmung und Frustration, die bei vielen Menschen zu beobachten sind, lassen sich fast immer auf die beiden Programme *Ich genüge nicht* oder *Ich bin zu kurz gekommen* zurückführen.

Doppelte Belastung

Natürlich sind Kinder, die nicht willkommen waren, doppelt belastet, da sie in aller Regel auch nicht genügen können. Die drei Fragen *Bin ich willkommen? Genüge ich? Bekomme ich genügend Liebe und Zuwendung?* stehen in einem inneren Zusammenhang. Ein nicht willkommenes Kind wird den Eltern schwerlich genügen können. Wenn es Positives leistet, wird dies möglicherweise abgewertet oder gar bestraft, da man nicht ertragen kann, dass etwas Positives von dem Kind kommt, das nicht willkommen ist. Manchmal frage ich mich, wie diese Menschen mit ihrem Schicksal zurechtkommen, mit einem Leben, das von Anfang an unter sehr unguten Voraussetzungen begonnen hat. Dass sie mitunter schwerwiegende Fehler machen und es zu bizarrem Verhalten kommt, ist nicht verwunderlich. Man muss Respekt davor haben, dass sie ihr Leben trotz allem meistern. Immer wieder ist zu betonen, dass niemand Schuld an seinen geheimen Programmierungen hat. Zunächst muss man sagen, dass sie unser Schicksal sind, bis wir beginnen, sie zu verstehen, und lernen, an neue, konstruktive Programme zu glauben.

Wir genügen nicht

Oft gibt es in der ganzen Familie eine geheime Botschaft, woran alle (oder nahezu alle) Mitglieder der Familie glauben: *Wir genügen nicht.* Man fühlt sich zweit- oder drittklassig. Es kann sein, dass es sich hier um Menschen mit Migrationshintergrund handelt, dass es in der Familie psychische Erkrankungen gibt oder dass man mit staatlicher Hilfe (Hartz IV) leben muss … Die Familienmitglieder haben kollektiv das Gefühl, nicht zu genügen, und unbewusst unterstützen sie sich gegenseitig in dieser Haltung. Den eigenen Familienmythos als solchen zu erkennen, ist von großem Wert. Sätze wie *Wir sind arm. Das Leben ist hart und ungerecht. Wir hatten noch nie Glück. In unserer Familie mussten immer alle hart arbeiten. Bei uns gibt's nichts zu lachen. Wir sind krank* verursachen ein negatives Grundgefühl, das sich wie ein Virus ausbreitet und dafür sorgt, dass sich die negativen inneren Programme immer wieder verstärken und bewahrheiten. Auch hier wird deutlich, dass die Arbeit am Selbstwertgefühl eines Kindes damit beginnt, dass die Eltern ihr eigenes Drama erkennen.

Es wäre falsch, sich in sein Schicksal zu ergeben. Die Frage ist, welche Programmierungen Menschen in glücklichen Familien in sich tragen.

> In glücklichen Familien gibt es positive innere Programme:
> *Wir sind eine fröhliche Familie.*
> *Wir halten zusammen und feiern gern.*
> *Bei uns wird immer viel gelacht.*
> *Wir sind eine erfolgreiche Familie.*
> *Wenn etwas schiefgeht, ist das kein Beinbruch.*
> *Wir unterstützen uns gegenseitig.*
> *Auf Regen folgt Sonnenschein.*

Diese Liste ließe sich weiter fortführen. Erst wenn es gelingt, diese besseren Programme zu installieren, wird sich die negative Stimmung auflösen. Mitunter kann dies jedoch schwierig sein, da die ursprüngliche Haltung in Fleisch und Blut übergegangen ist.

Gegenprogramme

Auch zu dem geheimen Programm *Ich genüge nicht* gibt es typische Gegenprogramme, also Dinge, die man tut, um das Selbstwertgefühl auf direkte Weise zu verbessern. Dies gelingt aber in der Regel nicht. Wie sich zeigen wird, haben gerade diese untauglichen Versuche, das Selbstwertgefühl zu verbessern, fatale Folgen.

- *Das Gegenprogramm Leistung*

  In einer Leistungsgesellschaft ist das typische *Gegenprogramm* zu *Ich genüge nicht* Leistung. Millionen Menschen versuchen mit Energie, Einsatz und Arbeit, ihr Selbstwertgefühl aufzupolieren, aber zu dessen Verbesserung taugen auch die besten Leistungen nicht. Da die geheimen Programme schon früh erworben wurden und in einer tieferen Schicht der Seele angesiedelt sind, kann eine Löschung auf diese Weise nicht gelingen. Vor allem Kinder werden leicht mit dem Leistungsvirus infiziert.

  Selbstverständlich sind Ehrgeiz, Arbeit und Leistung auch positiv zu bewerten. Sie sind notwendig, beispielsweise damit der Wirtschaftskreislauf funktioniert. Sich an gelungenen Ergebnissen zu erfreuen, kann durchaus erfüllend sein. Zu einem glücklichen Leben gehört auch Anstrengung und dass man mitunter »die Zähne zusammenbeißt«, um ein Ziel zu erreichen. Leistung kann Spaß machen oder auch zur Qual werden.

  Es gibt gesunden und verbissenen Ehrgeiz. Letzterer ist verdächtig, denn die Frage lautet: Worum geht es tatsächlich? Fast immer muss man feststellen, dass es hier letztlich um das Selbstwertgefühl geht. Wird übertriebener Ehrgeiz zu einem dauerhaften Problem, sind die Folgen für Psyche und Körper verhängnisvoll. Schon Kinder leiden unter ständiger Anspannung und Stress. Die wahren Hintergründe lassen sich nur verstehen, wenn die geheimen Programme erkannt werden, die ursächlich verantwortlich sind. Erfolge, die durch Leistung erzielt wurden, nähren lediglich die Illusion, dass das geheime Programm *Ich genüge nicht* gelöscht werden kann. Tatsächlich bedarf es dafür, das wird sich zeigen, einer anderen, viel einfacheren Strategie.

  Der Schüler mit einem Einser-Abitur hat nicht unweigerlich ein starkes Selbstwertgefühl. Möglicherweise trägt er das geheime Programm *Ich genüge nicht* in sich, und sein extremer Ehrgeiz ist nichts anderes als ein Gegenprogramm, das dabei helfen soll, sein geheimes Programm zu löschen. Dagegen ist es bei einem anderen Schüler denkbar, dass er sein Vierer-Abitur wie einen Sieg feiert, nach dem Motto: *Wieder hat sich bestätigt, dass ich genüge …* In diesem Fall verfügt er über das bessere, das stabilere Selbstwertgefühl. Selbstverständlich kann auch ein Schüler mit einem Einser-Abitur ein starkes Selbstwertgefühl haben. Hier geht es lediglich darum zu zeigen, dass das Selbstwertgefühl unabhängig von den Schulnoten ist. Es sind die inneren Programme, die über die Stabilität entscheiden.

Ein Burnout ist eine depressive Störung, die aufgrund von Überbelastung durch Leistung, Arbeit und Stress entstehen kann. Sie ist gekennzeichnet von Erschöpfung, Antriebslosigkeit, Leere, Sinnlosigkeitsgefühlen, Angst und nicht selten von suizidalen Gedanken. Immer mehr Kinder und Jugendliche sind von diesen oder ähnlichen Problemen betroffen. Erwachsene gehen für Wochen in eine psychosomatische Klinik, wo sich die Psyche in aller Regel stabilisiert. Wenn sie wieder in den Arbeitsprozess zurückkehren, stellen sich bei den meisten nach einem halben Jahr die Symptome wieder ein. Nur wenn die Grundmuster verstanden werden, kann die ungute innere Haltung zur eigenen Leistung verstanden und korrigiert werden. Häufig ist auch eine Änderung der äußeren Arbeitsbedingungen notwendig, um Burnout zu verhindern. Von dem Virus, nicht zu genügen, sind auch viele Vorgesetzte, Arbeitgeber und Chefs befallen. Sie animieren auch ihre Angestellten zu Höchstleistungen. So werden nicht selten Arbeitsbedingungen geschaffen, die auf Dauer zu Ausfällen, innerer Kündigung und Krankheit führen.

Wenn das Gegenprogramm Leistung aktiviert ist, helfen korrigierende Erfahrungen nicht. Die Meinung ist zwar häufig: Man muss den Kids nur zeigen, dass sie etwas können, dann verbessert sich ihr Selbstwertgefühl, und so versuchen Pädagogen und Psychologinnen daher, Kindern und Jugendlichen, die erkennbar unter einem schlechten Selbstwertgefühl leiden, mit Hilfe von Trainings und anderen Maßnahmen Erfolgserlebnisse zu vermitteln. Das Selbstwertgefühl bleibt davon aber meist unbeeindruckt. Mit großem Einsatz will man den Kindern zeigen, dass sie etwas können und dass sie zu guten Leistungen in der Lage sind. Am meisten helfen diese Maßnahmen denjenigen, die sowieso über ein gutes Selbstwertgefühl verfügen, also solche Trainings gar nicht brauchen. Ihre positive Haltung zu den eigenen Leistungen und ihr Glaube an den eigenen Wert werden unterstützt und verstärkt. Kindern mit schlechtem Selbstwertgefühl helfen diese Maßnahmen jedoch nur, wenn sich grundsätzlich an ihren geheimen Programmen etwas ändert. Das geheime Programm *Ich genüge nicht* wird, wie bereits gesagt, durch gute Leistung nicht korrigiert. Kinder, die dieses Programm in sich tragen, haben im Falle des Erfolgs lediglich das Bedürfnis, noch bessere Leistungen zu erbringen: *Ich müsste noch besser werden!* Es gelingt ihnen nicht, ihren Erfolg zu genießen und daraus den Schluss zu ziehen, dass sie genügen. Es kann sein, dass sich durch ein Erfolgserlebnis ein kurzfristiges Hoch erleben lässt, welches aber in aller Regel rasch abklingt. Die geheimen Programme liegen auf einer tieferen Ebene der Psyche, da sie früh erworben und intensiv verankert wurden. Auf direkte Weise sind sie nicht zu korrigieren. Der Stachel, die tiefe narzisstische Wunde, wird durch Erfolgserlebnisse nicht beseitigt. Letztlich werden sich geheime Programme, wenn sie nicht verändert werden, immer wieder installieren.

- *Das Gegenprogramm Perfektionismus*
  Ein weiteres Gegenprogramm ist Perfektionismus. Perfektes Arbeiten ist nicht selten richtig und notwendig. Viele Dinge würden nicht funktionieren, wenn sie nicht präzise und genau erledigt würden. Perfektionismus wird hier jedoch als eine Form der Übergenauigkeit verstanden, die nicht notwendig ist, sondern die Energie vergeudet und Frustration schürt. Wer in der Perfektionismusfalle steckt, will immer perfekter werden. Vor dem Hintergrund des geheimen Programms *Ich genüge nicht* wird auch die perfekteste Leistung dies nicht auflösen können. Wenn beispielsweise die Sauberkeit in der Wohnung übertrieben wird, hat dies keine wirklichen Vorteile. Selbst wenn es perfekte Sauberkeit gäbe, hätte Sterilität Nachteile für das Immunsystem. Kinder, die in zu großer Sauberkeit aufwachsen, entwickeln eher Allergien und Hautkrankheiten.

  Perfektionismus ist der Versuch einer Selbstberuhigung, der jedoch das Gegenteil bewirkt. Nicht das Gefühl zu genügen wird sich einstellen, sondern nach dem Motto *Es könnte noch besser sein* wird wieder das Programm *Ich genüge nicht* verstärkt. Selbstverständlich lässt sich Perfektionismus auch bei Kindern und Jugendlichen beobachten.

  Nicht selten ist Perfektionismus auch als Versuch zu werten, mögliche Kritik zu vermeiden. Die Angst vor Kritik ist ein weit verbreitetes Problem.

  Schon kleine Kinder suchen nach kreativen Lösungen, um auf ihre inneren Probleme aufmerksam zu machen. Manchmal sind sie als

Versuche zu verstehen, um von ihrem gestörten Selbstwertgefühl abzulenken. Man braucht für die tiefe Verzweiflung ein Ventil. Wenn Kinder häufig herumkaspern, in aggressiver Weise für Aufmerksamkeit sorgen, Nägel kauen, einnässen, sich gehemmt zeigen, unrealistische Ängste entwickeln usw., stellt sich die Frage nach einer Selbstwertstörung. Verhaltensauffälligkeiten und psychische Störungen sind immer Hinweise darauf, dass ungute Programme die Seele beherrschen. Oft sind sie als Gegenprogramme zu identifizieren.

- *Das Gegenprogramm Flucht aus der Realität durch Medienkonsum*
  Kinder schauen gerne ihre Lieblingsfilme im Fernsehen oder spielen DVDs ab. Das ist meist völlig harmlos und oft auch förderlich. Werden elektronische Medien jedoch eingesetzt, um von innerer Frustration abzulenken, ist dies bedenklich. Geschieht dies dauerhaft, ist eine Suchtentwicklung wahrscheinlich. Gesucht werden dann beispielsweise Computerspiele, bei denen sich Spieler mit Helden identifizieren können.

Die Beschreibung der Gegenprogramme macht deutlich, dass die Vermeidung negativer Programme immer einfacher ist, als sie zu korrigieren, wenn sie sich erst einmal etabliert haben.

Das neue Programm *Ich genüge immer*

Wer unter schädlichen inneren Programmen leidet, benötigt neue – das klingt einfach und kompliziert zugleich. Wenn man fragt, welche Programme es sind, ist die Antwort leicht: *Es sind genau die positiven Programme, die Menschen in sich tragen, deren Selbstwertgefühl stark ist.*

Das neue Programm, welches das geheime Programm *Ich genüge nicht* ersetzt, lautet: *Ich genüge immer* – auch wenn ich Fehler mache, wenn andere besser sind, wenn ich hinter meinen Möglichkeiten zurückgeblieben bin … Es reicht, wenn ich mich bemühe. Dies mag für viele anmaßend und überheblich wirken. So ist es jedoch nicht gemeint! Viele glauben zunächst, dass es falsch ist oder dass sie dieses Programm nicht verdient haben: ein deutlicher Hinweis, dass sie daran glauben, nicht zu genügen. Darum ist es zunächst wichtig, sich von der Richtigkeit des neuen Programms zu überzeugen: Grundsätzlich genügt ein Mensch auch dann, wenn er Fehler macht. Die Tatsache, dass er sich bemüht, ist entscheidend. Ein starkes Selbstwertgefühl bedeutet, mit sich selbst einverstanden zu sein, selbstverständlich zu wissen, immer gut genug zu sein, auch wenn andere besser sind. Nur wenn die Eltern diese Haltung für sich selbst internalisiert haben, kann sie dem Kind glaubhaft vermittelt werden.

Die Botschaft lautet: Du genügst immer. Dies kann eine ruhige Gelassenheit zur Folge haben.[1]

Wie wird das Programm *Ich genüge immer* installiert?

Minderwertigkeitsgefühle sind im Grunde überflüssig und immer fehl am Platz. Dies sollten Eltern zuerst für sich selbst verstanden haben, um es ihren Kindern authentisch vermitteln zu können.

> **!** Gerade Niederlagen, mangelnde Begabung in einem Schulfach, schlechte Schulnoten und ähnliche Situationen sind gute Gelegenheiten, das Programm *Ich genüge immer* einzuüben: Eine unangenehme Situation wird zur Chance. Gerade jetzt braucht man die Unterstützung und den Halt durch ein neues Programm.

Die neue Programmierung kann ein Leben lang in schwierigen Situationen bzw. immer dann, wenn das Selbstwertgefühl bedroht ist, genutzt werden. Es gibt kaum etwas Wichtigeres, als eine Strategie in sich zu tragen, um Niederlagen zu bewältigen. Es ist der Weg zu einem unabhängigen Selbstwertgefühl. Das Gefühl für den persönlichen Wert geht nicht verloren, auch wenn mal etwas schiefgeht.

Der Umgang mit Erfolg ist für viele Menschen schwierig, weil sich jetzt gleich wieder negative Gedanken melden: *Ich hätte noch besser sein müssen. Eigentlich war das noch zu wenig, perfekt war ich noch immer nicht …* Hier ist das geheime Programm *Ich genüge nicht* aktiviert. Auch Kinder leiden unter diesem Problem. Daher ist es sinnvoll, dass Eltern solche durchaus schwierigen Situationen mit ihnen reflektieren. Kann ein Kind sich nicht richtig über einen Erfolg freuen? Das neue Programm lautet dann: *Ich genüge mir immer, auch wenn ich Erfolg habe.*

Das neue Programm *Ich genüge immer* sorgt auch dafür, dass die persönlichen Möglichkeiten und Fähigkeiten zur Entfaltung kommen können. Im Falle eines Fehlschlags bleibt der Glaube an sich selbst ungebrochen. Das neue Programm soll die »Grundmelodie« sein, die das Selbstwertgefühl bestimmt, stützt und stärkt. Es macht Sinn, es durch ständige Wiederholung immer wieder ins Bewusstsein zu holen und durch positive Emotionen aufzuladen nach dem Motto: *Immer wenn ich an das Programm denke, zaubert es mir ein Lächeln aufs Gesicht.*

Negative Programme werden durch negative Emotionen verstärkt. So funktioniert das Selbstwertgefühl grundsätzlich: *Negatives verstärkt das Negative, Positives verstärkt das Positive.* Alle Menschen sollten dies wissen, sich um die richtigen inneren Programme kümmern und diese »pflegen« wie einen wertvollen Schatz.

Entscheidend ist,

- dass negative geheime Programme erkannt werden und gleich die richtige Antwort gefunden wird – in Form eines neuen Programms,
- dass die Sensibilität dafür geschult wird, wenn sich ein negatives Programm meldet – eine Kunst, die man erlernen kann,
- dass achtsam ein neues Bewusstsein erreicht wird: Gerade jetzt lebe ich im richtigen (neuen) Programm.

Allzu oft lässt sich innere Zufriedenheit in einer Leistungsgesellschaft nur schwer erreichen. Viel zu sehr wird der Blick dahin gelenkt, wo andere besser und erfolgreicher sind. Die hier aufkeimenden Neidgefühle sind ebenfalls Hinweise auf das geheime Programm *Ich genüge nicht.* Die passende Antwort lautet: *Ich bin mit meinen persönlichen Leistungen zufrieden.* Dieses Programm dauerhaft zu installieren, ist eine wichtige Fähigkeit – etwas, das ständig geübt werden will. Wenn man es jedoch für sich selbst als gültig erkannt hat, ist es jederzeit möglich, zu dieser inneren Haltung zurückzufinden. Für Menschen mit einem starken Selbstwertgefühl ist sie selbstverständlich.

Selbstverständlich geht es hier um eine realistische Einschätzung der eigenen Fähigkeiten. Dies geschieht durch Versuch und Irrtum. Wer zu wenig riskiert, bleibt hinter seinen Möglichkeiten zurück. Erfahrungsgemäß machen neue Programme mutiger. Wer sich auf Augenhöhe mit anderen fühlt und glaubt zu genügen, wird seinen Beitrag leisten wollen und sich nicht mehr verstecken. In Sozialkontakten wird er selbstsicherer und freier. Gute neue Programme helfen dabei, die wahre Persönlichkeit immer besser zum Ausdruck zu bringen.

Spätestens in der Pubertät kann an einem unabhängigen Selbstwertgefühl gearbeitet werden. Beispiel: *Es kann sein, dass mein Vater nicht mit mir zufrieden war, entscheidend ist, dass ich selbst mit mir zufrieden bin.*

Vertiefende, wichtige Hinweise zur Verankerung neuer Programme folgen weiter hinten im Buch.

Zusammenfassung

Ein zentrales geheimes Programm vieler Menschen lautet: *Ich genüge nicht.* Sie wissen, dass sie in ihren Leistungen oder auch Verhaltensweisen den eigenen Ansprüchen bzw. denen anderer nicht entsprechen. Sie glauben, besser sein zu müssen, und tragen diesen Glauben durch ihr ganzes Leben. Die unausweichliche Folge ist eine sanfte Depression, die sich wie ein schwarzes Tuch über unsere Leistungsgesellschaft legt, und man kann einen Mangel an Unbeschwertheit und Lebensfreude sowie eine Beeinträchtigung der psychischen Gesundheit feststellen. Den allermeisten, die unter Selbstwertzweifeln leiden, ist nicht bewusst, dass ihre Probleme schon während der ersten Lebensjahre grundgelegt wurden. Kinder spüren, dass sie den Eltern oder einem Elternteil nicht genügen. So wird die Kränkung nachhaltig in die Seele eingeschrieben und wirkt im Verborgenen.

Das geheime Programm *Ich genüge nicht* wird von vielen Kindern erworben und ist für eine mehr oder weniger starke Störung des Selbstwertgefühls verantwortlich. Die Folgen sind z. B. Selbstzweifel, Resignation, falscher Ehrgeiz und Angst vor Kritik, was wiederum zu Verhaltensauffälligkeiten führt. Wut und Verzweiflung stellen sich ein, sie richten sich entweder gegen andere oder aber gegen die eigene Person. Es kommt zu Angststörungen, Aggressivität und Depressionen.

Auch wenn diese Kinder Erfolg haben, melden sich bei ihnen Gedanken wie: *Ich hätte es noch besser machen müssen,* oder: *Ich muss noch besser werden.* Die tiefe Überzeugung, nicht zu genügen, lässt sich nicht so leicht löschen.

Die typischen Gegenprogramme sind Leistung, übertriebener Ehrgeiz, Perfektionismus, aber auch Leistungsverweigerung, die der Frustration folgt, Konfliktvermeiden (Aufschieberitis) sowie alle Formen von Flucht aus der Realität: zu viel Fernsehen, Spielen an Computer und Handy, Suchtmittelkonsum etc. Die Fähigkeit, sich selbst zu genügen und anzunehmen, ist ein zentrales Ziel. Sich mit anderen auf Augenhöhe zu fühlen macht mutiger und selbstsicherer.

Es wurde deutlich, dass ein gutes Selbstwertgefühl nicht durch häufiges Kritisieren von unangemessenen Verhaltensweisen erreicht wird. Im Gegenteil, es ist die Gelassenheit im Umgang mit Fehlern und Versagen, verbunden mit der Haltung des *Du bist okay,* was das Selbstwertgefühl stärkt. Ein starkes Ich zeigt sich eher in Krisenzeiten, die es in jedem Leben geben wird. Das dazugehörige Programm lautet *Ich genüge immer.*

Das geheime Programm *Ich bin zu kurz gekommen*

Unendlich viele Menschen tragen dieses Programm in ihrem Inneren, ohne sich dessen bewusst zu sein. Sie glauben, dass sie so sein müssen wie sie sind und dass sie nur auf diese Weise denken und fühlen können. Vor allem ist ihnen nicht bewusst, wie sehr dies die Lebensqualität einschränkt, für Frustration und nicht selten für chronische Unzufriedenheit sorgt. Daher ist es nicht unwichtig, das eigene Kind möglichst vor diesem Ungeheuer zu schützen. *Ich bin zu kurz gekommen* ist ein Denken und Fühlen, das oft auch für Verhaltensstörungen verantwortlich ist.

Zunächst stellt sich die Frage, ob dieses negative Programm in der eigenen Person zu finden ist. Hierzu bedarf es einer mitunter nicht einfachen, kritischen Analyse. Geheime Programme können unterschiedlich stark wirken. Sie können den Alltag wenig oder extrem negativ beeinflussen. Bevor wir wirksam auf unsere Kinder Einfluss nehmen können, ist eventuell eine Veränderung des eigenen Lebens sinnvoll und gewinnbringend.

> Der Mutter der neunjährigen Lena und des vierjährigen Max war mehrfach aufgefallen, dass ihre Tochter Geld entwendet hatte. In ihrem Rucksack fanden sich 10 €, die bereits vermisst wurden. Ein weiteres Beispiel war eine kleine Puppe, die ihr angeblich eine Freundin geschenkt hatte, was sich aber als unwahr herausstellte. Da es immer wieder zu solchen Vorfällen kam, war die Mutter sehr beunruhigt. Lena hat einen vierjährigen Bruder. Mit Spielzeug, Süßigkeiten und Taschengeld wird sie eigentlich gut versorgt.

Wenn man die zentrale Frage stellt, *warum* Lena stiehlt, liegt der Verdacht nahe, dass sie sich ihrem Bruder gegenüber als zu kurz gekommen fühlt. Seit es ihn gibt, fühlt Lena sich vernachlässigt. Bis dahin war sie es gewesen, die bei ihren Eltern im Zentrum der Aufmerksamkeit stand. Der Bruder ist nun so klein, so niedlich, dass er immer wieder Bewunderung und Zuneigung erfährt. Lena ist nicht in der Lage, ihr Problem, ihre Eifersucht, auf direkte Weise zu lösen. Ein Symptom, das Stehlen, macht das eigentliche Problem sichtbar. Das, was sie vermisst, versucht sie sich selbst zu nehmen. Da dieses Verhalten vielleicht einen kleinen Kick verursacht, aber nicht wirklich zufrieden machen kann, braucht sie mehr von demselben.

Man kann mit Sicherheit davon ausgehen, dass Lena selbst nicht bewusst ist, warum sie Geld oder Gegenstände entwendet. Es wäre daher völlig falsch, wenn Lena jetzt mit Verurteilung und Strafe belegt würde. Sie würde sich nur noch weiter zurückgewiesen fühlen, so dass die Wahrscheinlichkeit größer würde, dass sie entweder wieder stiehlt oder aus Angst vor weiterer Strafe andere Symptome entwickeln würde. Viel wichtiger und besser wäre, wenn es den Eltern gelingen könnte, ein kindgemäßes Gespräch über Neid und Eifersucht als durchaus erlaubte Gefühle zu führen. Dabei ist nicht davon auszugehen, dass Lena ihre Gefühlslage schnell verändern kann. Das geheime Programm *Ich bin zu kurz gekommen* trägt sie wahrscheinlich seit der Geburt ihres jüngeren Bruders mit sich herum. Die Frage ist also, was ihre Eltern tun können, um Lena das Gefühl zu geben, dass sie denselben Wert hat wie ihr Bruder. Wie kann es ihr gelingen, mit Neid und Eifersuchtsgefühlen konstruktiv umzugehen? Möglicherweise behaupten die Eltern, dass Lena keinen Grund zur Eifersucht habe – und sicherlich stimmt die Einschätzung, die für Lena jedoch keine Bedeutung haben muss. Für sie gilt nur der eigene Glaube an das Zu-kurz-gekommen-Sein, nur er zählt. Daher wird es unmöglich sein, ihr die Eifersucht einfach auszureden.

Erst am Ende der Aufarbeitung der Problematik sollte es darum gehen, dem Kind zu vermitteln, dass Stehlen das Problem nicht löst. Es gilt, sein Vertrauen so weit zu stärken, dass es wagen kann, einen eventuell auftretenden Drang zu stehlen, also ein aufsteigendes Eifersuchtsgefühl, zu äußern und gemeinsam mit Vater oder Mutter nach alternativen Verhaltensweisen zu suchen. Beispielsweise könnte Lena in diesem Fall die Nähe eines Elternteils suchen.

Mit etwas Abstand muss man feststellen, dass die Auseinandersetzung mit dem Stehlen genau zu diesem Zeitpunkt wichtig ist. Das Symptom weist auf einen Mangel hin, den es zu bearbeiten gilt. Es ist Lenas Angst, für die Eltern nicht mehr hinreichend wichtig zu sein. Geschieht die Bearbeitung der Symptomatik nicht, wird Lena das geheime Programm *Ich bin zu kurz gekommen* mit hoher Wahrscheinlichkeit in ihr erwachsenes Leben mitnehmen. Die Folgen sind leicht zu erschließen, da man sie bei vielen Menschen erkennen kann: Neid, Eifersucht und Unzufriedenheit werden die Konsequenzen sein.

Geschwisterrivalität

Schon ein- oder zweijährige Kinder sind eifersüchtig auf das neugeborene Geschwisterkind. Gerade waren sie noch in der Rolle der kleinen Prinzessin oder des kleinen Prinzen. Weil sich aber nun die Aufmerksamkeit der Mutter bzw. der Eltern auf einen Säugling richtet, der diese ja tatsächlich sehr beansprucht, fühlen sie sich plötzlich »vom Thron gestoßen«. Kleine Kinder leiden unter dieser Zurückweisung mitunter sehr und sie nehmen diese Verletzung oft mit in ihr weiteres Leben, durch das sie sich dann nicht selten wie ein roter Faden zieht. Ihr Augenmerk wird sich besonders sensibel darauf richten, wo sie zu kurz kommen.

Die Mythologie beschreibt in der ihr eigenen Bildersprache, wie der Mensch ist. Der Bibeltext von Kain und Abel erklärt, wie das Böse in die Welt kommt. Weil der Rauch seines Opferfeuers nicht senkrecht nach oben steigt, fühlt Kain sich von Gott nicht geliebt. Aus Eifersucht erschlägt er seinen Bruder. Der Mythos hat auf geniale Weise Recht: Hier wird die Bedeutung der Geschwisterrivalität nicht nur beschrieben, sondern als Wurzel von Aggression, Missgunst, Groll und Hass ausgemacht. Kain fühlt sich nicht willkommen, er glaubt, »nicht zu genügen« und fühlt sich ungeliebt. Seine Verzweiflung lässt ihn »böse« werden, was niemanden wundern sollte.

Die Zeitspanne für die Entwicklung von Selbstliebe sind maßgeblich die ersten Lebensjahre. Wird diese sensible Zeit gestört, so wird auch die Entwicklung des Selbstwertgefühls behindert. Wieder ist die Bedeutung früher Prägungen zu betonen. Eltern sollten also die Eifersuchtsgefühle ihres Kindes ernst nehmen und die Gleichwertigkeit der Geschwister immer wieder betonen.

Eine starke Geschwisterkonkurrenz führt im späteren Leben häufig zu dem Wunsch oder auch Drang, andere übertrumpfen zu müssen.

Auch durch eine lieblose und übermäßig harte Erziehung kann sich das geheime Programm *Ich bin zu kurz gekommen* bilden. Nicht selten werden Kinder mit Liebesentzug bestraft. Geschieht dies häufig, entstehen tiefe Verzweiflung und Einsamkeit. Die Kinder bleiben hungrig nach Zuwendung und unzufrieden, weil sie ja auch tatsächlich schlecht behandelt werden. Die Folge ist, dass sich die Aufmerksamkeit verstärkt darauf richtet, dass es andere gibt, die es leichter zu haben scheinen, denen es besser geht, die irgendwas besitzen, was man selbst haben will ... Vielfach spüren betroffene Kinder auch später als Erwachsene in verschiedenen Lebenslagen Neid und infolgedessen Wut und Frustration. Mit etwas Abstand ist zu erkennen, dass diese Wut keine wirkliche

Erlösung bringt. Im Gegenteil, sie wird, wenn man sich nicht mit ihr auseinandersetzt, im Laufe der Zeit immer stärker. Man wird sie nicht los und so richtet sie sich letztlich gegen die eigene Person. Die Folge sind psychische Störungen, etwa depressive Erkrankungen.

Menschen, die das geheime Programm *Ich bin zu kurz gekommen* in sich tragen, werden nicht zufrieden. Egal was man ihnen gibt oder was sie selbst erreichen, sie werden nicht »satt«. Die Zeit, in der das Grundübel entstand, ist zwar endgültig vorüber, aber jetzt hängt sich das Problem an ständig wechselnden Dingen auf.

Auch wenn Kinder verwöhnt werden, installiert sich in der Regel das geheime Programm *Ich bin zu kurz gekommen.* Viel zu sehr erwarten die Betroffenen, dass Lösungen nicht von ihnen selbst herbeigeführt werden, sondern von außen kommen. So bleiben sie unselbstständig und entwickeln Techniken, andere für sich arbeiten zu lassen. Verwöhnte Kinder haben die entsprechende Erwartung bereits früh internalisiert, und es ist für sie völlig selbstverständlich, dass andere für ihre Misserfolge oder Nachteile verantwortlich sind. Für solche Menschen wird es im Leben schwer werden, die Kindrolle zu verlassen und sich für ein erwachsenes Leben zu entscheiden. Sie erwarten weiterhin Verwöhnung, etwa später vom Partner, eventuell sogar von ihren eigenen Kindern, was ich nicht selten im therapeutischen Prozess beobachten musste. Dabei sind diese Menschen schon als Kind fest davon überzeugt, dass ihre anspruchliche Haltung völlig gerechtfertigt ist.

Die kapitalistische Gesellschaft

In unserer Konsumgesellschaft werden durch exzessive Werbung immer neue Bedürfnisse geweckt. Hier wird radikal behauptet: *Wer mehr konsumieren kann, ist wertvoller und glücklicher. Wer da nicht mithalten kann, ist bedauernswert.* Der französische Philosoph Gilles Lipovetsky kreierte den Begriff »Turbokonsument«.[2] Die Schere zwischen Arm und Reich wird immer weiter, und viele Menschen fühlen sich zu Recht benachteiligt. Unabhängig vom Einkommen bestimmen Neidgefühle den Alltag vieler Menschen. Das Programm *Ich bin zu kurz gekommen* ist häufig auch die Folge von Konkurrenz mit Freunden, Nachbarn, Arbeitskolleginnen usw.

Die Konsumgesellschaft lebt davon, dass viele Menschen das Programm *Ich bin zu kurz gekommen* in sich tragen. Hierdurch werden Bedürfnisse erzeugt und der Einzelne zu erhöhten Anstrengungen animiert, um sich mehr Dinge leisten zu können und endlich »satt« zu werden.

Dabei jagt er der Illusion hinterher, dass Zufriedenheit so herzustellen sei. Doch jeder weiß, dass sich nach der Befriedigung eines Bedürfnisses bald ein Neues einstellt. Zudem stellt der gekaufte Artikel nur für kurze, begrenzte Zeit zufrieden. Die Jagd nach immer neuen Dingen hat unweigerlich Unzufriedenheit zur Folge. Die kapitalistische Gesellschaft verspricht Glück, macht aber insgesamt depressiv.

Die Fixierung auf Konsum macht vor allem einsamer. Der Fokus richtet sich nicht mehr auf die wesentlichen Dinge im Leben, etwa Beziehungen, Werte wie Mitgefühl, Mut zur Wahrheit, Aufrichtigkeit und Treue, die an Bedeutung verlieren. Unmerklich werden Menschen einsamer und letztlich unglücklicher. Dies gilt auch für Reiche, die trotz der Möglichkeit, sich besonders viel leisten zu können, innerlich immer leerer werden.

Die Frage ist, wie Kinder und Jugendliche die Überbetonung des Konsums als Falle begreifen lernen, die in die Unzufriedenheit führt. Es ist nicht möglich, sich dem Zeitgeist und der Konsumgesellschaft völlig zu entziehen, und es ist nicht leicht, eine abweichende Haltung zu entwickeln. Jedoch können Eltern als Vorbilder fungieren und somit bessere Ideale vermitteln als absolute Gewinnmaximierung und exzessives Konsumverhalten. Der bewusste Verzicht ist meist viel befriedigender als Konsumwünschen ständig nachzugeben. So entstehen beispielsweise Räume für wertvollere Erfahrungen wie Selbstliebe und Mitgefühl. Nur dadurch wird das echte Selbstwertgefühl wirklich gestärkt.

Typisches Negativbeispiel: Kinder werden in der Schule gemobbt, weil sie nicht die Markenkleidung tragen, die gerade »in« ist. Es scheint zu gelten: *Das überteuerte Markenprodukt, das gerade hip ist, macht mich wertvoll, das billige No-name-Produkt macht mich wertlos.* Dies wäre ein Thema z. B. für eine Elternversammlung in der Schule, auf der diskutiert werden könnte: Wo haben Eltern eine Mitverantwortung an derartigen Fehlentwicklungen? Wie sehr versuchen sie selbst, ihr eigenes Selbstwertgefühl mit Konsumartikeln und Statussymbolen aufzuwerten? Es ist durchaus Zivilcourage gefordert, wenn man sich gegen den Mainstream stellt, den man als schädlich identifiziert hat.

Gegenprogramme

Auch Kinder zeigen typische Verhaltensweisen, um den inneren Mangel zu kompensieren. Hier ist vor allem Süßigkeitenkonsum zu nennen bzw. alles, was mit Essen und »sich etwas Einverleiben« zu tun hat. Das unbedingte »Must-have« von irgendwelchen Spielzeugen ist für viele Kinder ein normales Verhalten. Die Vehemenz, mit der Dinge eingefordert werden, ist sehr unterschiedlich.

Auch Lena im obigen Beispiel versucht durch ein Gegenprogramm, nämlich dem Entwenden von Geld und Gegenständen, ein inneres Loch zu füllen. Die Frustration kann auch dazu führen, andere abzuwerten, zu mobben o. ä., was jedoch keinesfalls dazu führt, dass die eigene innere Befindlichkeit wirklich dauerhaft besser würde.

Alles, was mit dem Ausleben von Neidgefühlen in Verbindung steht, kann als Gegenprogramm verstanden werden. Das Spektrum reicht vom bewussten Schädigen anderer bis hin zu Betrug und ähnlichen problematischen Verhaltensweisen.

Das neue Programm *In mir ist alles, was ich brauche*

Die Lösung dieses extrem häufigen Problems liegt in einem neuen Programm, mit dessen Hilfe die Schwierigkeiten wirklich bewältigt werden können. Es lautet: *In mir ist alles, was ich brauche.* Es macht wenig Sinn, einem Menschen, der sich als zu kurz gekommen erlebt, seine Gefühle ausreden zu wollen. Er wird immer neue Argumente dafür finden, dass seine Wahrnehmung stimmt. Der einzige Ausweg besteht darin, dass ein Mensch beginnt, den Blick auf sich selbst zu richten und auf seinen inneren Reichtum zu schauen. Welche Fähigkeiten, Talente, Begabungen, Vorzüge sind vorhanden? Zufriedenheit kann nur von innen kommen, auf Dauer niemals durch Äußerlichkeiten. Der Blick müsste sich auf all die Dinge richten, die bereits vorhanden sind. Der Reichtum kann besonders in ideellen Werten bestehen, aber auch darin, was jemand für sich selbst bereits hat erarbeiten können. Der ständige Blick auf das »Loch im Käse« macht dagegen unglücklich.

Auch Kindern sollte dieses neue Programm vermittelt werden, damit der Fokus auf etwas anderes gelenkt wird: nicht auf das, was man nicht hat, sondern auf das, was man hat. Es gilt, die Überzeugung zu vermitteln, dass die wesentlichen Dinge im eigenen Inneren zu finden sind. Jeder Mensch ist reich an inneren Werten, sofern er sich dafür öffnet: z. B. die Fähigkeit, Liebe zu schenken und anzunehmen, Mitgefühl spüren und zeigen zu können, Freundschaften zu schließen, sich über die Schönheit der Natur zu freuen – also lauter Dinge, die völlig kostenlos sind. In einer Konsumgesellschaft, die vorwiegend dem Beachtung schenkt und Wert beimisst, was viel Geld kostet, werden diese »wertlosen« Dinge oft völlig übersehen. Der innere Reichtum wird nicht wahrgenommen.

Wie wird das neue Programm *In mir ist alles, was ich brauche* installiert? Es bedarf, wie oben schon angedeutet, eines neuen Blickwinkels, der viel einfacher einzunehmen ist, als man glauben mag. In verschiedenen Verhaltensweisen ist das neue Programm nämlich quasi schon enthalten:

- *Dankbarkeit, eine häufig vergessene Tugend*
  Der Abgrund zwischen Unzufriedenheit und Zufriedenheit kann mitunter unüberwindbar erscheinen. Dabei ist er mit den passenden Mitteln leicht zu bewältigen: Die Brücke führt ins eigene Innere, dessen Reichtum viel befriedigender ist als teure materielle Güter. Um das neue Programm *In mir ist alles, was ich brauche* zu stärken, kann eine Dankbarkeitsübung sehr hilfreich sein:

> Beginnen Sie den Tag mit guten, positiven Gedanken! Lenken Sie Ihre Aufmerksamkeit auf Dinge, für die Sie dankbar sind! Sie können die Übung deutlich verstärken, indem Sie diese Dinge aufschreiben. Nehmen Sie eine bestimmte Anzahl, etwa sechs oder sieben größere oder kleinere Angelegenheiten, für die Sie dankbar sind. Es müssen keine außergewöhnlichen Ereignisse sein: Das reine Wasser; die frische Luft; die Sonne, die auf den Körper scheint; Begabungen und Talente; auch die Gesundheit; Freunde; das eigene Kind; der Partner usw. Jeder verfügt über vieles, wofür er dankbar sein kann. Wird diese Übung täglich und mit Disziplin durchgeführt, wird die Wirkung nicht ausbleiben. Zufriedenheit kommt immer von innen, aus einem dankbaren Ich.

Nehmen Sie Ihr Kind an die Hand und machen Sie die Übung gemeinsam mit ihm. Es ist von höchster Bedeutung, dass ein Kind möglichst früh lernt, den Blick auf die positiven Dinge zu richten. (Zur Erinnerung: Das Selbstwertgefühl entwickelt sich maßgeblich bis zum sechsten Lebensjahr.) Dies ist nur möglich, wenn es hier einen Gleichklang gibt: Nur die dankbare und mit sich selbst zufriedene Mutter bzw. der Vater kann dem Kind diese positive Haltung vermitteln, und je früher dies geschieht, desto besser. Für die spätere Lebenszufriedenheit spielen glückliche Kindertage eine größere Rolle als besondere Leistungen, die mit Drill und viel Ehrgeiz erreicht wurden. So ist es sinnvoll, sich früh in eine dankbare Lebenshaltung einzuüben und die Aufmerksamkeit immer mal wieder darauf zu lenken, wofür man dankbar ist. Auf diese Weise helfen Eltern sich und ihrem Kind, das neue Programm *In mir ist alles, was ich brauche* zu stärken.

Der griechische Philosoph Epikur (341–270 v. Chr.) formulierte vor über zweitausend Jahren eine tiefgründige Weisheit, die ihre Gültigkeit nie verloren hat: *Wenn du einen Menschen glücklich machen willst, füge seinem Reichtum nichts hinzu, sondern nimm ihm einige von seinen Wünschen.* Es ist sinnvoll, darüber einmal nachzudenken oder es sogar mal auszuprobieren, um dann festzustellen, dass diese Aussage stimmt: Wer bewusst verzichtet, erlebt ein Mehr an Lebendigkeit und Kraft. Zufriedenheit kann dauerhaft niemals von außen herbeigeführt werden, sie kommt von innen.

- *Bedingungslos leben*
  Artur Rubinstein, der weltbekannte Pianist, bezeichnete sich selbst als sehr glücklichen Menschen. Er verriet einmal seine Lebensphilosophie: »Genieße das Leben bedingungslos!«

  Die meisten Menschen haben irgendwelche Bedingungen an das Leben: *Wenn ich mal mehr Geld habe, wenn ich mir ein tolles Auto leisten kann, wenn ich wieder gesund bin, wenn ich einen tollen Partner habe, wenn ich endlich die Ausbildung abgeschlossen habe …, dann bin ich zufrieden und glücklich.* Bedingungslos meint, dass man keine Bedingungen mehr an das Leben stellt, sondern es bejaht, so wie man es gerade erlebt. Wer darüber nachdenkt, versteht, dass Glücklichsein nur funktionieren kann, wenn man nicht wieder hinter irgendwelchen Dingen oder Ereignissen herjagt. Rubinstein sprach eine Hoffnung aus: Er sagte, er hoffe, dies auch seinen Kindern vermittelt zu haben. Auch sein Leben verlief nicht ohne Krisen, aber nie hörte er auf, es als wundervoll anzusehen. Seine bedingungslose Liebe zum Leben und zu dieser Welt ließen ihn zeitlebens glücklich sein.

  Rubinstein sah seine Einstellung zum Leben als Schlüssel zum Glück, und so versuchte er, diese Haltung an seine Kinder zu »vererben«. Weil er selbst so dachte, war er ein glaubwürdiges Vorbild, zumal er auch in Krisen nicht davon abgewichen war. Mehr konnte er für seine Kinder nicht tun, denn, wie bereits erwähnt, es zählt das Vorbild.

  Mitunter erscheint es, dass Kinder das Gegenteil von dem leben und tun wollen, was ihre Eltern vorleben. Das ist insbesondere während der Pubertät der Fall. Auf Dauer setzt sich aber in der Regel das Gute und Positive durch. Auch hier ist der unerschütterliche Glaube daran, dass alles gut wird, von großem Wert. Damit diese Lebenshaltung in Fleisch und Blut übergeht, bedarf es sicherlich einiger Übung. Das Gute dabei ist aber die Tatsache, dass die Vergangenheit hier nicht ausschlaggebend ist. Man kann nur im Hier und Jetzt diese Haltung haben. Es reicht, sich immer wieder zu vergegenwärtigen: *Ich lebe mein Leben bedingungslos!*

Bedingungslos zu leben kann auch bedeuten, sich dem gegenwärtigen Augenblick ganz hinzugeben, in den Fluss des Lebens einzutauchen, ohne nach dem Warum zu fragen. Dies vermittelt auch das Konzept des Flow:

!

Der Psychologe Mihaly Csikszentmihalyi hat den Begriff Flow für einen sehr befriedigenden Zustand gefunden, der sich am besten damit beschreiben lässt, dass jemand ganz mit dem im Einklang ist, was er gerade tut, ohne Angst oder Langeweile. Flow bedeutet Fließen, Strömen und stellt sich beispielsweise ein, wenn etwas gut gelingt. Auch Lernerfolg hängt maßgeblich davon ab, wie sehr Unterrichtsinhalte mit Flow in Verbindung stehen. Dies sind Erkenntnisse der Glücksforschung und stellen Lehrerinnen und Lehrer vor die Aufgabe, vor allem Begeisterung für ihr Fach zu wecken. Damit wird Lernen leichter, was auch eine Binsenweisheit ist. Glückliche Menschen erleben viel häufiger Flow. In diesen Zustand zu gelangen, fällt Kindern mit einem starken Selbstwertgefühl ohne Zweifel leichter.

Zur Vertiefung das Wichtigste noch einmal:
In mir ist alles, was ich brauche.
Ich bin dankbar für so vieles.
Ich lebe bedingungslos.

Zusammenfassung

Für das Selbstwertgefühl ist es von größter Bedeutung, dass ein Mensch die Gewissheit hat und das Grundgefühl in sich trägt, dass er »satt« geworden ist an elterlicher Liebe und Zuneigung. Selbstliebe lernen Kinder viel eher, wenn sie von beiden Eltern uneingeschränkte Zuneigung erfahren haben.

Das geheime Programm *Ich bin zu kurz gekommen* verursacht Unzufriedenheit, Neid, Bitterkeit, Groll und nicht selten Feindschaft und Bosheit. Häufig liegt hier die Ursache für ein Übermaß an Egoismus und narzisstischer Selbstsucht. Neid und Hass sind der Nährboden für extreme Ansichten, und letztlich sind sie auch verantwortlich für fast jede Art von Radikalisierung.

Die Antwort auf Neid, übertriebene Konkurrenz und das Gefühl, zu kurz zu kommen, ist die Hinwendung zu den Dingen, die man zur Verfügung hat. Dauerhafte Zufriedenheit muss von innen kommen. Mit anderen Worten: Für ein inneres Problem kann es keine äußere Lösung geben.

Das neue Programm heißt: *In mir ist alles, was ich brauche.* Eltern, die dieses Programm selbst in sich tragen, vermitteln ihrem Kind diese Haltung und sorgen so für mehr Zufriedenheit und Glück: *Ich leiste mir den Luxus der Unabhängigkeit. Ich kann mich dem Zeitgeist nicht völlig entziehen, aber ich versuche erst gar nicht, meinen Selbstwert von Geld, Status und Konsummöglichkeiten abhängig zu machen, weil es nicht funktioniert.* Um das neue Programm zu installieren, ist Dankbarkeit hilfreich, denn sie erleichtert innere Zufriedenheit. Auch das Loslassen von Ansprüchen und die Haltung, bedingungslos zu leben, ermöglicht, innere Reichtümer zu entdecken und das Programm *In mir ist alles, was ich brauche* zu installieren.

Weitere typische negative geheime Programme

Aus den drei Basisprogrammen leiten sich viele andere geheime Programme ab. Einige wesentliche werden im Folgenden beschrieben, zur Orientierung und um zum Nachdenken anzuregen. Vor allem geht es darum, dass Eltern sensibel für die inneren Programme ihres Kindes werden.

Das geheime Programm *Ich bin ein Verlierer*

Schon kleine Kinder entwickeln eine innere Haltung zum Leben und dazu, welche Rolle sie hier vorwiegend spielen werden. Dies scheint wie von selbst zu geschehen. Dabei ist es von vielen Faktoren abhängig, ob sich das Kind eher als Verlierer oder als Gewinner fühlt. Das entsprechende Grundgefühl wird sich wie ein roter Faden durch das spätere Leben ziehen. Darum ist die Zeit, in der sich das Selbstwertgefühl – oder das geheime Programm – entwickelt, so wichtig.

Kinder, die den Eltern genügen, werden sich eher wie Gewinner fühlen, Kinder, die ihren Eltern nicht genügen, dagegen eher wie Verlierer. Mancher Elternteil macht keinen Hehl daraus, dass er von seinem Kind enttäuscht ist, wenn es die Erwartungen nicht erfüllt. Dies ist meistens eine Katastrophe für das Selbstwertgefühl. Dies gilt auch dann, wenn das Kind es nicht zeigt. Das geheime Programm wirkt im Verborgenen und führt zu emotionalem Schmerz. *Du bist ein Loser,* sagt der enttäuschte Vater, der seine Ablehnung gegenüber dem eigenen Kind nicht verbergen kann. Selbst wenn dieser Satz nicht aggressiv, sondern im Scherz gesagt wird, kann er sehr verletzend wirken.

Kinder, die sich wie Verlierer fühlen, haben eine große Sehnsucht danach, Gewinner zu sein. Sie identifizieren sich viel stärker als andere mit den Helden von Filmen oder Onlinespielen und entwickeln oft eine emotionale Abhängigkeit davon. Wenigstens in dieser Scheinwelt können sie sich wie ein Gewinner fühlen. Während diese Spiele für viele Jugendliche harmlos sind, haben sie für andere Suchtpotential.

Bei Spielsüchtigen findet sich nahezu immer das geheime Programm *Ich bin ein Verlierer.* Sie mussten es früh entwickeln und setzen nun alles daran, endlich Gewinner zu werden. Wenn ein Spielsüchtiger in der Spielhalle gewinnt, freut er sich – dass er jetzt länger spielen kann und sich eventuell als Gewinner fühlt. Wenn er die Stätte verlässt, hat er kein Geld mehr in der Tasche und fühlt sich wie der größte Verlierer überhaupt. Hier wird wieder deutlich, dass geheime Programme die Tendenz haben, sich immer wieder zu bestätigen.

Kinder sollten früh lernen, sich auf jeden Fall wie Gewinner zu fühlen, auch und besonders, weil sie nicht immer die Ersten sein können und auch gar nicht sein müssen.

!

Eltern könnten ihren Kindern die Haltung vermitteln:
Ich bin ein Gewinner,

- weil ich einen positiven Blick auf mein Leben habe und mir immer genüge,
- weil ich Zuneigung spüren und geben kann,
- weil ich meine Talente schätze,
- weil ich mich um realistische Problemlösungen bemühe.

Das geheime Programm *Ich bin wertlos*

Wächst ein Kind unbeschwert auf? Ist es fröhlich? Kann es ausgelassen sein und häufig lachen? Ist es willkommen und genügt seinen Eltern? Dies sind zentrale Fragen, die die Selbstwertentwicklung bestimmen. Zur Selbstliebe gehört aber auch das Wissen darum, wertvoll zu sein. Für

Eltern ist es sinnvoll, sich hin und wieder ein Bild davon zu machen, ob ihr Kind glaubt, wertvoll zu sein. Dabei gilt, dass alle Menschen gleich wertvoll sind. Auch Kinder sollten möglichst früh lernen, wie es möglich ist, sich auf derselben Augenhöhe mit anderen zu fühlen: nicht wertvoller als andere, aber auch nicht weniger wert. Mit sich selbst im Einklang und zufrieden zu sein, sich im eigenen Körper wohlzufühlen, ist ein Zustand, der sich nur mit positiven inneren Einstellungen erreichen lässt.

Immer mehr Kinder und Jugendliche zeigen jedoch depressive Symptome, hinter denen sich eine negative Grundhaltung bezüglich der eigenen Person verbirgt. Das starke Gefühl, nicht willkommen zu sein und/oder nicht zu genügen, führt früher oder später zu depressiven Reaktionen. Wenn es keine Hoffnung, keinerlei Perspektive zu geben scheint, aus dem Teufelskreis auszubrechen, werden sich Symptome bilden müssen. Sie sind Alarmsignale. Nur wenn es gelingt, aus den bestehenden inneren Programmen auszusteigen, ist Heilung möglich.

In Familien mit niedrigem Einkommen besteht häufig das Gefühl von Wertlosigkeit. Darunter leiden besonders die Kinder. Sie haben deutlich weniger Chancen, einen für sie angemessenen Schulabschluss zu erlangen und geraten auf vielen Gebieten ins Hintertreffen. Sie zeigen bei kognitiven Aufgabenstellungen weniger Ausdauer und sind auch sportlich häufig durchaus normalen Anforderungen nicht gewachsen. Bei ihnen und ihren Eltern stellt sich das Gefühl ein, weniger wert zu sein.

Wie kann es gelingen, dass Kinder aus einkommensschwachen Familien sich nicht als weniger wertvoll erleben? Die staatlichen Hilfen für diese Familien müssen dringend verbessert werden. Betroffene Kinder benötigen fast immer zusätzliche Hilfen für die Entwicklung eines starken Selbstwertgefühls.

Misshandelte Kinder tragen das Programm *Ich bin wertlos* nahezu immer extrem stark ausgeprägt in sich. Meist bleibt eine lebenslange Störung des Selbstwertgefühls zurück. Dabei haben die Kinder ein feines Gespür dafür, ob ein Erwachsener seinen Frust an ihnen abreagiert. Solch eine Misshandlung stellt eine Form des emotionalen Missbrauchs dar.[3] Auch ein Klaps ist zu verurteilen, da er eine Missachtung der Persönlichkeit darstellt.

Auch nach sexuellen Gewalterfahrungen leiden die Betroffenen unter tiefen Wertlosigkeitsgefühlen; sie bedürfen immer einer psychotherapeutischen Behandlung. Vernachlässigung und Verwahrlosung verursachen ebenfalls das geheime Programm *Ich bin wertlos.*

Das geheime Programm *Ich bin das schwarze Schaf*

Es gibt sie leider, Kinder, die in diese Rolle geraten und sie lebenslang kaum verlassen können. Neben erfolgreichen Kindern gibt es eventuell auch eines, das den Erwartungen nicht gerecht werden kann. Manchmal wird er (das »schwarze Schaf« ist meist männlich) mit einem resignativen Blick betrachtet: *Er ist halt das schwarze Schaf,* und etwas Verständnisvolles schwingt dabei mit. Zu Recht, denn niemand sucht sich diese Rolle bewusst aus. Zudem ist es schwierig, sie zu verlassen.

Das Drama besteht darin, dass die Betroffenen fest an diese Zuschreibung glauben. Immer wieder liefern sie selbst neue »Beweise« dafür, dass die Bezeichnung stimmt. Wer sich in diese Menschen hineinfühlt, kann die Not verstehen, die sie am liebsten bald überwinden möchten. Doch wie mit einem Magneten scheinen die Betroffenen das Scheitern immer wieder anzuziehen.

Die typischen *Gegenprogramme* erklären, wie man immer wieder in der Rolle des schwarzen Schafs landet:

- *Das Gegenprogramm Riskante Tätigkeiten*
  Betroffene Erwachsene lassen sich beispielsweise auf riskante Geschäfte ein, die mit großer Sicherheit zum Scheitern verurteilt sind. Die »schwarzen Schafe« verfolgen hehre Ziele. So soll das Stigma überwunden werden, sie wollen es für immer hinter sich lassen. Doch selbst wenn ein Unternehmen gelingt, wird das früh erworbene Programm nicht gelöscht. Bei nächster Gelegenheit wird es sich wieder installieren.

  Bei Kindern und Jugendlichen ist es z. B. das riskante Schummeln bei Klassenarbeiten, bei denen das »schwarze Schaf« mit hoher Wahrscheinlichkeit erwischt wird. Oder es handelt sich um eine Mutprobe, die bei solch einem Kind eher schiefgeht.
- *Das Gegenprogramm Unbewusste Aggression*
  Tief im Inneren findet sich bei diesen Kindern Wut darüber, dass sie nicht genügen. Diese Wut können sie nicht auf direkte Weise zum Ausdruck bringen, da es zu weiteren Abwertungen und Zurückweisungen käme. So sucht diese Energie sich ihre eigenen Wege, die z. B. darin bestehen, dass merkwürdige Dinge passieren: Am Frühstückstisch wird versehentlich die Milchflasche umgestoßen, wichtige Utensilien gehen zu Bruch oder werden verloren usw. Diese Dinge passieren nicht bewusst und absichtlich, aber sie geschehen auch nicht zufällig.

Was kann man tun – was hilft?

Im Hintergrund von *Ich bin das schwarze Schaf* wirkt ganz extrem das geheime Programm *Ich genüge nicht.* Hier gilt es anzusetzen, je früher, desto besser. Es geht konsequent darum, den betroffenen Kindern immer wieder dabei zu helfen, sich beispielsweise gegenüber ihren erfolgreichen Geschwistern oder anderen gleichwertig zu fühlen. Dabei ist die Haltung der Eltern von großer Bedeutung, da sie das Selbstwertgefühl maßgeblich prägt. In unserer Leistungsgesellschaft ist der Fokus ganz auf Erfolg ausgerichtet, Misserfolg ist unbedingt zu vermeiden. Wer den Erwartungen nicht entspricht, wird abgewertet, und muss sich eher minderwertig fühlen. Das »schwarze Schaf« hat überdeutlich ein Problem, das jeder in einer Leistungsgesellschaft lösen muss: Es gibt immer viele, die besser sind und viele, die schlechter sind. Die Kunst besteht darin, mit dem zufrieden zu sein, was mir zur Verfügung steht: mit meiner Intelligenz, meinen Fähigkeiten, Vorlieben, Begabungen, Fertigkeiten, Neigungen, Kräften und Eigenarten. Um aus der Klemme zu kommen, muss das »schwarze Schaf« den Blickwinkel verändern, wie das nachfolgende Beispiel zeigt:

> »Früher habe ich immer geglaubt, das schwarze Schaf zu sein. Ich habe immer nur Unsinn angestellt. Heute bin ich das nicht mehr, ich suche nur noch realistische Lösungen und schaue auf meine Fähigkeiten. Ich bin ich, und ich muss und will nicht mehr so sein wie meine Schwester oder wie mein Bruder.«

Da die Rolle des schwarzen Schafes früh eingeübt wurde, bedarf es einer besonderen Wachsamkeit und Bewusstheit, um Rückfälle früh zu bemerken und möglichst zu vermeiden. Das neue Programm *Ich genüge immer* hilft bei der Verhaltensänderung.

Wer in die Rolle des schwarzen Schafes geraten ist, wird unweigerlich mit Leid konfrontiert, da sich Misserfolge immer wieder einstellen. Dieses Leid weist auf eine tiefe Störung der Selbstwertentwicklung hin. Die Symptome – etwa die Gegenprogramme *Riskante Tätigkeiten* oder *Unbewusste Aggressionen* – sind so zu verstehen, dass sie immer auf die dahinterliegenden Probleme hinweisen. Nur wenn diese verstanden werden, ist Heilung möglich.

Das geheime Programm *Ich bin immer krank*

Körper und Geist bilden eine Einheit. Innere Programme steuern nicht nur die emotionalen Befindlichkeiten eines Menschen, sondern auch seine körperlichen Prozesse. Schon Kinder leben in dem Gefühl, immer krank zu sein, auch dann, wenn sie objektiv gesund sind. Im Hintergrund finden sich oft frühe Krankenhausaufenthalte. Ebenso können übertriebene Sorgen um die Gesundheit des Kindes oder allzu häufige Arztbesuche das geheime Programm *Ich bin immer krank* begünstigen. Überfürsorglichkeit ist nachteilig für das Selbstwertgefühl, da dadurch auch geheime Programme wie *Ich bin schwach, Die Welt ist gefährlich, Ich bin ausgeliefert* gefördert werden. Vor diesem Hintergrund entstehen oft ängstliche Persönlichkeiten, die weit hinter ihren Möglichkeiten zurückbleiben. Daher ist es richtig, wenn Eltern diese Sorgen als übertrieben erkennen und beginnen, an ihren Ängsten zu arbeiten (siehe auch den Abschnitt »Helikopter-Eltern« im Kapitel »Die Angst der Eltern in der Leistungsgesellschaft«).

Durch übertriebene Gesundheitssorgen wird das Immunsystem des Kindes geschwächt, so dass wiederholte Infekte die Folge sind – ein Teufelskreis. Das neue Programm lautet: *Ich bin gesund und robust.*

Das geheime Programm *Fühle nicht!*

Eigentlich ist es das Privileg kleiner Kinder, dass sie spontan, empfindsam und gefühlsbetont reagieren. Im Gegensatz zu Erwachsenen sind sie meist echter und zeigen ihr wahres Ich. So wie sie früh beginnen, Eltern und andere Menschen und deren Verhalten zu kopieren, werden sie sich im Laufe der Zeit auch in ihrem Umgang mit Gefühlen an ihre Vorbilder angleichen.

Kleinen Kindern gelingt es meist nicht so gut, ihre wahren Gefühle zu verstecken. Manche Kinder müssen dies jedoch früh lernen. Ihre Eltern bestehen z. B. auf absolutem Wohlverhalten und Anpassung, das Zeigen von bestimmten Gefühlen wird streng sanktioniert, Lieblosigkeit im Umgang miteinander ist die Regel, und das Kind muss sich permanent bemühen, überhaupt eine Existenzberechtigung zu haben. Auf diese Weise werden Gefühle unterdrückt und ein destruktives geheimes Programm entsteht: *Fühle nicht!* Von außen ist die innere Not oft nicht zu erkennen. Sie wird meist gut hinter einer mehr oder weniger perfekten Fassade versteckt.

In den westlichen Industrienationen dominiert das Rationale und weniger eine Kompromissbereitschaft oder auch Emotionalität. Unerwünschte Gefühle werden meist unterdrückt. In der Psychologie ist hier die Rede von Gefühlsblockaden. In unserer Kultur wird vor allem Trauer unterdrückt. Der Umgang mit schmerzhaften Gefühlen ist vielfach gestört. In einem kollektiven Verdrängungsprozess wird versucht, Leid und Tod möglichst aus dem Alltag fernzuhalten. Mitunter hält man Abstand von Menschen, die z. B. einen nahen Angehörigen verloren haben, meist deshalb, weil man nicht sicher ist, wie man mit dem Trauernden umgehen soll. Dabei braucht er lediglich Trost. Der beste Trost kommt von einem Menschen, der sich Zeit nimmt und zuhört, einfach nur zuhört! Kluge Ratschläge sind fehl am Platz.

Kinder lernen von ihren Eltern die Angst vor traurigen Gefühlen, und zusätzlich werden sie möglichst von Schmerz und Verlust ferngehalten. Alles, was wehtut, wird vermieden. Auf diese Weise wird nicht gelernt, Trauer und Schmerz zu bewältigen. Das Vermeiden entsprechender Gefühle führt jedoch unweigerlich dazu, dass auch andere Gefühlsbereiche in Mitleidenschaft gezogen werden. Wer nicht trauert, kann sich auch nicht richtig freuen. Die Welt der Gefühle wird weniger bunt und insgesamt reduziert. Wer versucht, Trauer zu vermeiden, wird verstärkt Wut und Aggression entwickeln:[4] Wut, die sich nicht selten in Form einer depressiven Störung gegen die eigene Person richtet.

Der richtige Weg führt durch den Schmerz. Dafür benötigen Kinder Begleitung: Zum einen muss ihnen ermöglicht werden, über schmerzhafte Inhalte zu sprechen, und zum anderen bedürfen sie der Bestätigung, dass diese Gefühle tatsächlich wehtun und die Wunden manchmal nur langsam heilen. Kinder brauchen Zeit für Trauer, etwa wenn ein geliebtes Haustier gestorben ist. Man darf ihnen die Gefühle nicht ausreden oder mit Geschenken oder besonderen Events für Ablenkung sorgen wollen.

Das geheime Programm *Fühle nicht!* führt zu Unsicherheit in der Wahrnehmung von Gefühlen. Ein Kind glaubt etwa, dass es nicht traurig sein darf, weil Mama oder Papa das nicht gerne hat. Es fühlt sich daher nicht in Ordnung, wenn es unglücklich ist. Bei überangepassten Kindern sind Wut- und Ärgergefühle blockiert, und so können sie sich nicht richtig durchsetzen und wehren.

Das geheime Programm *Denke nicht!*

Zu einem starken Selbstwertgefühl gehört die Fähigkeit, eigenen Gedanken nachzugehen und sich eine eigene Meinung zu bilden. Dies kann schon früh in der Familie gefördert werden: Wenn das Kind eine Meinung äußert, sollte dies Wertschätzung und Beachtung finden. Das Kind will spüren und erleben, dass das Aussprechen von eigenen Gedanken mit Freude wahrgenommen wird. Wenn die Eltern sich Zeit zum Zuhören nehmen, vermitteln sie auf diese Weise Interesse an den Gedanken ihres Kindes. Die Förderung einer eigenen Meinung ist für die Entwicklung einer selbstbewussten und eigenständigen Persönlichkeit von großer Bedeutung.

Ebenso, wie manchmal die Äußerung von Gefühlen unterbunden wird, können auch Gedanken tabuisiert werden. Das geheime Programm *Denke nicht!* wird installiert, wenn Eltern eine Gleichschaltung ihres eigenen Denkens mit dem ihres Kindes erwarten und vehement durchsetzen. Dies gilt beispielsweise auch für unliebsame Wahrheiten, die nicht benannt werden dürfen, etwa Familiengeheimnisse, aber auch wenn Eltern nicht ertragen, dass die Meinung des Kindes von der eigenen abweicht.

Haben Eltern wenig Zeit, nehmen sie die Äußerungen ihres Kindes nicht ernst oder werten sie ab, entsteht eine Sprachlosigkeit zwischen Eltern und Kind. Auch dies ist eine Herabsetzung, die vermittelt: *Ich bin nicht wichtig.*

Das geheime Programm *Denke nicht!* führt in die Abhängigkeit. Da man keine eigene Meinung haben und keine eigenen Entscheidungen treffen soll, bedarf es immer anderer, die sagen, was man tun soll bzw. was gut für einen wäre. Da eine große Unsicherheit bezüglich der eigenen Meinung besteht, wird diese ständig hinterfragt. Die Betroffenen suchen daher immer wieder die Versicherung bei anderen dafür, dass sie okay und willkommen sind.

Ein Plädoyer für die Selbstliebe

Selbstliebe

Es heißt, dass nur die Liebe heilt. Wenn man genauer hinschaut, ist es letztlich die Selbstliebe, die einen Menschen aus seiner Verzweiflung führen kann. Negative, geheime Programme verhindern Selbstliebe. Wer nicht willkommen ist, leidet unter starker Wut, die er gegen sich selbst und andere richtet. Wer glaubt, nicht zu genügen, wird sich dafür selbst verantwortlich machen und die Wut hauptsächlich gegen die eigene Person richten. Wer glaubt, dass er zu kurz gekommen ist, wird die Wut gegen alle richten, denen es vermeintlich besser geht.

Fast alle psychischen Störungen sind »Wutkrankheiten.« Menschen finden für ihre Wut keine Lösung, und so wird Selbstliebe behindert.

Wer unter negativen, geheimen Programmen leidet, kann auch mit geschenkter Liebe wenig anfangen. Es gibt kein inneres seelisches Gefäß, das die Liebe sicher halten würde, so dass man sich daran erfreuen könnte. Die Sicherheit, das Grundgefühl, geliebt zu werden, geht einfach immer wieder verloren; es reichen oft geringfügige Auslöser.

Selbstliebe ist jedoch die Basis für psychische Gesundheit, für Zufriedenheit mit sich selbst und für den friedlichen Umgang mit anderen Menschen. Kinder brauchen Anleitung, wenn sie zur Selbstliebe finden sollen. Für Kinder und Erwachsene gilt: *Nur wenn ein Mensch glaubt, dass er gut ist, kann er gut sein.*

Selbstwertanalyse – Eltern werden »hellsichtig«

Die Selbstwertanalyse ist eine einfache Methode, die hilft, negative Programme aufzuspüren und durch neue positive zu ersetzen. Was bisher geschildert wurde, ist die Basis, um das System der Selbstwertanalyse zu verstehen. Wenn im Folgenden einiges davon wiederholt wird. dient dies der Vertiefung.

Die Selbstwertanalyse soll dabei helfen, dass Eltern »hellsichtig« werden. Damit ist gemeint: Nur wenn Eltern die inneren Programme ihres Kindes verstehen, sind sie in der Lage, ihnen auch bei einer eventuell notwendigen Korrektur zu helfen. Es geht darum zu erkennen, wie die positiven Programme installiert werden können, die ein starkes Selbstwertgefühl ausmachen. Denn die Hoffnung, dass sich Nachteiliges von selbst auflöst, bewahrheitet sich wahrscheinlich nicht.

Mit Hilfe *anderer Programme* soll ein neues Denken, Fühlen und Handeln möglich werden. Diese neuen Programme zu installieren, ist eine Kunst, die man lernen kann.

Während der ersten sechs bis sieben Lebensjahre ihres Kindes sind Eltern dafür verantwortlich, dass die Urbedürfnisse befriedigt werden (*Du bist willkommen. Du genügst mir immer. In dir ist alles was du brauchst*). Mit ca. acht Jahren können Kinder allmählich ein Verständnis dafür entwickeln, wie das Selbstwertgefühl »funktioniert«. Entscheidend ist hier z. B., wie sie mit sich selbst reden.

Das Selbstwertgefühl der Eltern und das eines Kindes funktionieren nach den gleichen Regeln. Bevor die Analyse für das Kind gemacht wird, ist es sinnvoll, sie erst für die eigene Person durchzuführen. Danach ist es viel einfacher, die Probleme des Kindes (wenn es denn welche gibt) zu verstehen.

Die Methode der Selbstwertanalyse beinhaltet vier Schritte:

1. *Zunächst werden die geheimen Programme gesucht, die das Selbstwertgefühl belasten.*
2. *Danach werden die Gegenprogramme erkannt.*
3. *Im dritten Schritt werden neue Programme formuliert.*
4. *Zuletzt wird neues Verhalten beschrieben, und die neuen Programme werden in der Praxis eingeübt.*

Damit die erarbeiteten Erkenntnisse nicht so leicht verloren gehen, sollte die Selbstwertanalyse immer schriftlich durchgeführt werden.

Die Fragen des Lebens in der Selbstwertanalyse

Die erste Frage lautet immer: Bin (war) ich willkommen?

Wer diese Frage mit einem klaren Ja beantworten kann, hat meist eine stabile Basis, um sein Leben zu gestalten. Man fühlt sich sicher in der Welt und hat ein grundsätzliches (kein blindes) Vertrauen in andere Menschen. Für liebevolle Beziehungen ist dies der sichere Boden, auf dem man stehen kann. Dieser kann jedoch sehr ins Wanken geraten, wenn diese Frage nicht positiv beantwortet wird. Vor dem Hintergrund fehlenden Urvertrauens bilden sich Ängste, und die Unsicherheit, nicht willkommen zu sein, zieht sich wie ein roter Faden durchs Leben.

Wird diese Frage in Bezug auf ein Kind gestellt, dann lässt sich die Antwort aus seinem Verhalten erschließen. Ist es meist fröhlich, vertrauensvoll und aufgeschlossen oder misstrauisch, ängstlich und oft schlecht gelaunt? Eltern spüren, ob sich ein Kind willkommen fühlt oder nicht.

Ich bin nicht willkommen

Kinder, die nicht willkommen waren, sorgen, wie schon beschrieben, oft mit ihrem Verhalten dafür, dass man sie loswerden möchte. Sie gehen »über Tisch und Bänke«, zeigen sich aggressiv und unkontrolliert. Unbewusst sorgen sie so dafür, dass sich das geheime Programm *Ich bin nicht willkommen* bestätigt.

Erwachsene, die dieses Programm in sich tragen, sind auffällig misstrauisch in Beziehungen, auch wenn sie nach außen etwas anderes zum Ausdruck bringen. Sie können mit Liebe, die sie geschenkt bekommen, wenig anfangen, sie können nicht glauben, dass tatsächlich sie gemeint sind. Das Gleiche ist bei Kindern zu beobachten. Es fehlt das Vertrauen in menschliche Beziehungen. So ist es üblich, dass sie Beziehungen austesten, nach dem Motto: *Du wirst schon sehen, dass ich dir nicht vertrauen kann.* Wenn sie dann wieder den Bogen überspannt haben und ihr Verhalten auf Ablehnung stößt, hat sich ihr Programm wieder einmal bestätigt, es etabliert sich.

Insgesamt fühlen sich diese Kinder wertlos und neigen eventuell auch zu extrem unterwürfigem Verhalten. Nicht selten sind sie in ihrer Impulsivität unberechenbar. Mitunter zeigen sie depressive Symptome oder starke Stimmungsschwankungen. Da innere Sicherheit fehlt, ist ihr Verhalten eventuell unberechenbar und chaotisch, nicht selten aggressiv und selbstverletzend.

Aus dem Geschilderten wird deutlich, dass es sich immer um eine schwere Störung der Selbstwertentwicklung handelt.

Wenn Unsicherheit darüber besteht, ob ein bestimmtes geheimes Programm existiert, sollte es zunächst mit in die Liste aufgenommen werden. Es kann nie schaden, daran zu arbeiten, dass sich ein Kind willkommen fühlt.

Die zweite Frage lautet: ***Genüge ich?***

Niemand ist perfekt und so sind die folgenden Hinweise als Richtschnur zu verstehen. Jeder hat in einer Leistungsgesellschaft hin und wieder das Gefühl, nicht zu genügen. Das ist ganz normal. Die folgenden Merkmale weisen auf ein stabiles Selbstwertgefühl hin:

Das Kind fühlt sich von beiden Eltern akzeptiert, es kann ihnen genügen. Es ruht in sich und ist mit sich selbst überwiegend zufrieden. Es hat meistens gute Laune und zeigt sich optimistisch. Es ist mit seinen Leistungen zufrieden und zeigt einen gesunden Ehrgeiz. Das Kind hat Freunde und pflegt meist einen friedlichen Umgang mit ihnen.

Ich genüge nicht

Meistens ist leicht zu erkennen, wenn ein Kind das innere Programm *Ich genüge nicht* in sich trägt. Man erkennt es z. B. an

- häufigen Selbstzweifeln,
- wenig Vertrauen in die eigenen Leistungen,
- leichter Kränkbarkeit,
- Schüchternheit,
- der selbstkritischen Frage: *Hätte ich noch besser sein können?* im Fall von Erfolg,
- der Tendenz, sich oft zu isolieren (es gibt wenig Freunde),
- häufigem Vergleichen mit Besseren,
- Selbstabwertung (*Ich bin dumm …*),
- Konfliktvermeidung (es wird versucht, unangenehmen Situationen auszuweichen),
- überheblichem, arrogantem Verhalten (falsche Selbstwahrnehmung; Behauptung, häufig besser zu sein, als es den Tatsachen entspricht; Überspielen von Unzulänglichkeiten),
- Angst vor Versagen – Schwellenängste.

Es macht wenig Sinn, das Kind zu ermutigen, etwa: *Du musst mutiger werden. Du musst dir mehr zutrauen. Du solltest dich mit Freunden verabreden.* All das vermittelt die Botschaft: *Du genügst nicht.* Wieder fühlt sich das Kind kritisiert, das negative Programm wird verstärkt.

Die Frage ist, wie man das Gespräch auf die geheimen Programme lenken kann. Älteren Kindern kann durchaus erklärt werden, wie das Selbstwertgefühl funktioniert. Gemeinsam kann man darüber »philosophieren«, welche geheimen Programme z. B. in Mitschülern existieren. Vielleicht werden die inneren Programme selbstsicherer Kinder erkannt, etwa: »Jana hat sicher das Programm *Ich genüge mir* in sich, sie ist so ruhig und ausgeglichen. Der Angeber Linus trägt sicher das Programm *Ich genüge nicht* in sich …« Die nächste Frage wäre, welches Programm das Kind selbst in sich trägt und wie es ggf. gelingt, an ein neues Programm zu glauben. Von großem Wert ist, wenn man sich an positiven Vorbildern orientieren kann. Was macht Jana aus unserem Beispiel anders und vielleicht besser? Kinder lernen oft über Identifikation (Positives und Negatives).

Von größter Bedeutung ist, dass Eltern ihrem Kind deutlich machen, dass es ihnen genügt, dass sie es so lieben, wie es ist, und dass diese Liebe nicht von irgendwelchen Leistungen abhängig ist.

Eine andere Variante, wie das Programm *Ich genüge nicht* zum Ausdruck kommt, ist, wenn ein auffällig angeberisches Verhalten zu beobachten ist. Hinter prahlerischem und überheblichem Auftreten steckt immer jemand, der sein geheimes Programm *Ich genüge nicht* verbergen will. Hier hilft es nicht, auf dieses Verhalten direkt einwirken zu wollen. Die Frage lautet vielmehr, wie kann es betroffenen Kindern und Jugendlichen gelingen, das neue Programm *Ich genüge immer* zu installieren. Die pädagogische Arbeit ist schwierig, da diese Kinder bzw. Jugendlichen keinen Leidensdruck zu haben scheinen. Hier bekommt man nur dann »einen Fuß in die Tür«, wenn man versteht, dass es sich um eine Störung des Selbstwertgefühls handelt, und auf jede Form von Kampf oder Abwertung verzichtet, sondern stattdessen den Fokus auf das Positive lenkt: Wo sind günstige Merkmale, die man ansprechen und bestätigen kann? Was kann der oder die Betroffene tatsächlich gut? Nur allzu gerne suchen diese Kinder oder Jugendlichen die Auseinandersetzung, da sie gewinnen wollen, um so ihr schwaches Selbstwertgefühl aufzurichten. Dadurch, dass man ihnen zeigt, dass man sie ernst nimmt und versteht, wächst Vertrauen. Das Ziel ist, dass sie über ihre Nöte und Ängste sprechen, was jedoch nicht erzwungen werden kann. Erst wenn es möglich wird, grundsätzlich über das Selbstwertgefühl zu sprechen, können vorsichtig Alternativen in Form neuer Programme aufgezeigt werden.

Manchmal ist die Situation zwischen Eltern und Kind verfahren, so dass Hilfe von außen notwendig ist. Egal was man tut, es gelingt nicht, den Kontakt zum Kind herzustellen. Ansprechpartner sind Familienberatungsstellen, Kinder- und Jugendpsychotherapeuten und eventuell Schulpsychologen.

Jugendliche kann man vorsichtig mit der Methode der Selbstwertanalyse vertraut machen. Auf diese Weise kann man über das Problem aus einer gewissen Distanz sprechen:. Die Inhalte – etwa die drei zentralen Fragen – können auf sich selbst bezogen werden, ohne dass es eine explizite Aufforderung dazu gibt. Alle Anweisungen nach dem Motto: *Du sollst, Du musst, Du hast aber …* führen gerade bei Jugendlichen leicht nur zu Trotz und Widerstand. Hier macht es wieder Sinn, dass Eltern über ihre eigene Selbstwertentwicklung sprechen, über ihre geheimen Programme und wie sie an neuen Programmen arbeiten.

Die dritte Frage lautet: Bekomme (bekam) ich genügend Liebe und Zuwendung?

Hier geht es um die innere Zufriedenheit, darum, wie ein Kind sich fühlt. Im Zentrum stehen die Fragen: Gibt es eine warmherzige, liebevolle Beziehung zu beiden Eltern? Ist das Kind meist fröhlich, unbeschwert und kann sich richtig freuen? Ist es vertrauensvoll, offen und kann Sorgen und Nöte ansprechen?

Ich bin zu kurz gekommen

Die Merkmale von Kindern, die das Programm *Ich bin zu kurz gekommen* in sich tragen, können ebenfalls gut erkannt werden.

Ein Hinweis besteht darin, dass ein Kind sich oft neidisch zeigt und dies bei vielen Gelegenheiten: Andere haben z. B. mehr Freunde, ein höheres Ansehen in der Gruppe, keine Pickel, bessere Kleidung (Markenartikel), andere Familien können sich mehr leisten … Aus Neidgefühlen entsteht immer Unzufriedenheit, die das Leben vergiftet. Häufig ist in diesem Zusammenhang ein starkes Konkurrenzverhalten zu beobachten. Es unterscheidet sich von gesundem Ehrgeiz darin, dass mit Missgunst reagiert wird, sobald andere besser sind als man selbst.

Ansprüchlichkeit in unterschiedlichen Lebenslagen ist ebenfalls ein typisches Merkmal, welches auf das Programm *Ich bin zu kurz gekommen* hindeutet. Da sich Zufriedenheit nicht einstellen will, bleibt es bei immer neuen Forderungen und Ansprüchen.

Wie bereits erwähnt, tragen verwöhnte Kinder fast unausweichlich das Programm *Ich bin zu kurz gekommen* in sich. Verwöhnung macht nicht satt, sondern immer hungriger: Es ist ein unstillbarer Hunger, da es nie reicht. (Siehe dazu auch den Abschnitt »Verwöhnung« im Kapitel »Schwierige Eltern-Kind-Beziehungen«.)

Manche Kinder sind regelrecht süchtig, z.B. nach Süßigkeiten. Auch hier ist zu vermuten, dass hier im Hintergrund das geheime Programm *Ich bin zu kurz gekommen* existiert. Unbewusst versuchen sie, Unzufriedenheit mit Essen zu kompensieren.

Rivalitäten zwischen Geschwistern sind normal. Hier spielt die Angst, zu kurz zu kommen, ganz offensichtlich eine Rolle. Nur allzu oft bleiben diese Rivalitäten bestehen, die dann in das Erwachsenenleben mitgenommen werden und die Beziehung der erwachsenen Geschwister belasten. Darum ist es wichtig, dass Eltern bei der Bewältigung der Konkurrenzgefühle helfen. Kindern ist nicht so leicht zu vermitteln, dass Zufriedenheit immer von innen kommen muss, entsprechend dem positiven Programm *In mir ist alles, was ich brauche.*

Es verändert nicht wirklich etwas, wenn Eltern versuchen, das auffällige Verhalten abzustellen, indem sie es verbieten oder versuchen, dem Kind die Gefühle von Zu-kurz-gekommen-Sein auszureden. Werden beispielsweise die Süßigkeiten verboten oder versteckt, wird das Kind lediglich nach anderen Möglichkeiten suchen, um sein inneres Defizit auszugleichen. Die einzige Chance ist eine Veränderung des geheimen Programms. Dies ist oft nicht leicht, weil die entsprechenden Mechanismen mitunter schon früh entwickelt wurden.

Die zentrale Frage ist, wie sich das geheime Programm *Ich bin zu kurz gekommen* entwickeln konnte. Ist es beispielsweise durch Verwöhnung oder eine Geschwisterrivalität entstanden? Ohne sich selbst zu verurteilen, sollten Eltern sich zunächst darum bemühen, die Störung zu verstehen.

Selbstverständlich werden viele Menschen objektiv benachteiligt. Hier ist es wichtig, dass sie ihrer Wahrnehmung trauen. Mit dem geheimen Programm *Ich bin zu kurz gekommen* hält man am Negativen fest und sieht möglicherweise die positiven Auswege nicht.

Wie kann das geheime Programm *Ich bin zu kurz gekommen* überwunden werden? Ein positives Vorbild ist sicher von großem Vorteil, wird aber wahrscheinlich allein nicht ausreichen. Es geht vielmehr darum, dem Kind zu helfen, einen neuen Blickwinkel zu gewinnen, eine Zufriedenheit zu finden, die von innen kommt. Dafür ist ein neues Glaubenssystem zu installieren, und je früher dies geschieht, desto besser. Es geht darum zu lernen, sich an dem zu freuen, was man zur Verfügung hat. Dies kann eventuell eine Aufgabe für die ganze Familie sein.

> Verhaltensstörungen werden nur wirklich verstanden, wenn die negativen geheimen Programme, die im Verborgenen existieren, erkannt werden. Sie sind als die eigentlichen Wurzeln des Übels zu sehen. **!**

Fallgeschichten

Anhand von Fallgeschichten[5] wird die Selbstwertanalyse verdeutlicht:

> Die zwölfjährige Leonie ist schüchtern. Oft traut sie sich nicht an etwas schwierigere Aufgaben heran und bleibt so hinter ihren Möglichkeiten zurück. In der Gruppe bleibt sie im Hintergrund und versucht, Konflikten auszuweichen. Wegen ihres zurückhaltenden Verhaltens wird sie mitunter von anderen gehänselt. Ein massives Mobbing hat jedoch noch nicht stattgefunden.

Die Selbstwertanalyse bei Leonie macht deutlich, dass das geheime Programm *Ich genüge nicht* sehr dominant ist. Das Problem ist, dass Leonie tief und fest daran glaubt, nicht zu genügen. Sie hat keinen Blick dafür, dass sie an vielen Stellen den Anforderungen sehr wohl gewachsen ist. Immer lenkt sie automatisch die Aufmerksamkeit dorthin, wo sie sich nicht traut und ihr destruktives Programm sich bestätigt.

Schon als kleines Kind war Leonie ängstlich und wurde daher von der Mutter sehr »beschützt.« So wurde sie darin bestärkt, vor angstmachenden Situationen zurückzuweichen und Schwellenängsten nachzugeben. Bei der Selbstwertanalyse wurde ein weiteres, destruktives Programm gefunden: *Ich kann es nicht allein.* Mit ihren Ängsten versuchte Leonie, sich immer hinter anderen zu verstecken, und zeigte so ein sehr abhängiges Verhalten. Die Selbstwertanalyse bei Leonie ergibt folgendes Bild:

Leonies geheime Programme	*Leonies Gegenprogramme*
Ich genüge nicht.	Anpassung
Ich kann es nicht allein.	Konfliktvermeiden
Ich kann mich nicht wehren.	Tagträume
Ich bin wertlos.	Sich hinter anderen verstecken
Die Welt ist unsicher.	Selbstabwertung

Nur in ihren Träumen, die Leonie auch tagsüber häufig pflegte, war sie mutig, stark und unabhängig. Dies kann ein wichtiger, für die Arbeit mit neuen Programmen sehr willkommener Hinweis sein. Leonie war sich ihrer Schwierigkeiten sehr bewusst, so wie die meisten Menschen sich über ihre Defizite bezüglich ihres Selbstwertgefühls im Klaren sind. Sie sehen jedoch die Tür nicht, durch die sie gehen müssten, um ihre Situation entscheidend zu verbessern.

Nachdem Leonie die Methode der Selbstwertanalyse verstanden hatte, wurden gemeinsam mit ihr neue Programme und neues Verhalten formuliert.

Neue Programme	*Neues Verhalten*
Ich genüge immer.	Ich gehe auf meine Ängste zu.
Ich nehme mich wichtig.	Ich lenke die Aufmerksamkeit immer wieder auf die neuen Programme.
Ich bin gleichwertig.	Ich wehre mich.
Ich kann es allein.	
Ich bin wertvoll.	
Die Welt ist sicher.	

Zunächst war es für Leonie undenkbar, das neue Programm *Ich genüge immer* für sich zu akzeptieren. Sie kann nicht glauben, überhaupt irgendwo zu genügen. Überzeugungsarbeit war notwendig, und erst als sie begann, zunächst kleine Bereiche auszumachen, in denen sie sich selbst genügte, konnte sie dies positiv bewerten. Gleich kam jedoch wieder das »Aber«, und sie schaute erneut auf die Dinge, die nicht genügten.

Leonie wurde vermittelt, dass jeder, der dieselben Programme wie sie in sich trägt, genauso fühlt wie sie. Die Frage war, ob sie wirklich mit diesem geringen Selbstwertgefühl zufrieden ist, und was dies für ihre

Zukunft bedeuten würde. Allmählich konnte sie dafür gewonnen werden, sich umzuorientieren und an neuen Programmen zu arbeiten.

Wenn sich etwas ändern soll, bedarf es neuer Überzeugungen und auch der Begeisterung. Für Leonie bedeutete dies, dass sie begann, auf die Situationen, die ihr Angst machten, zuzugehen. Ihr neues Motto lautete: *Wo die Angst ist, da ist der Weg.* Mit Hilfe der neuen Programme fühlte sie sich sicherer *(Ich genüge immer)*, zunehmend gleichwertig und auf Augenhöhe mit ihren Mitschülerinnen und Mitschülern. Diese waren über ihre Entwicklung überrascht und beurteilten sie positiv, was wiederum ihre Anstrengungen verstärkte.

> Die Arbeit mit neuen Programmen beginnt damit, was vorrangig verändert werden soll. Es wird immer nur ein Programm ins Zentrum der Aufmerksamkeit gestellt. !

Ein weiteres Beispiel:

> Der neunjährige Moritz wird in der Schule immer wieder auffällig. Er kann sich nur eine kurze Zeitspanne lang konzentrieren, stört häufig den Unterricht und bringt sich so ins Zentrum der Aufmerksamkeit. Lehrer und auch einige Schüler beschweren sich über sein Verhalten.
>
> Moritz wurde als Einzelkind von beiden Eltern verwöhnt. Das Lernen fällt ihm grundsätzlich leicht, jedoch versucht er, jede Form von Anstrengung zu vermeiden.

Eine Selbstwertanalyse verdeutlicht Moritz' Probleme sowie die Lösung. Wie beschrieben, lautet die erste Frage immer: *Bin ich willkommen?* Dies kann für Moritz bejaht werden, da er bei beiden Elternteilen willkommen war. Die zweite Frage lautet: *Genüge ich?* Diese ist nicht einfach mit einem klaren Ja zu beantworten. Auffällig sind die vielen Versuche, sich in den Mittelpunkt der Aufmerksamkeit zu bringen. Dies muss als *Gegenprogramm* verstanden werden. Da Moritz sich meist wenig anstrengt und zudem wegen mangelnder Konzentration häufig Kritik hört, muss vermutet werden, dass sein auffälliges Verhalten ein Versuch ist, Defizite zu kompensieren. Er will der Kritik an seiner Person entkommen, er versucht, sie zu überspielen. Dies ist nicht wirklich möglich, im Gegenteil:

Gerade wegen seines auffälligen Verhaltens wird er erneut kritisiert. Für Moritz scheint es kein Entkommen aus dem Teufelskreis zu geben. Es muss davon ausgegangen werden, dass sich das Verhalten verselbstständigt hat.

Moritz wurde als Einzelkind von beiden Eltern verwöhnt. Ihm wurden alle Schwierigkeiten schon möglichst im Vorhinein aus dem Weg geräumt. Gleichzeitig hatten die Eltern hohe Erwartungen an ihn. Ihre Botschaft lautete: *Du musst etwas Besonderes sein.* Nach außen zeigt Moritz nicht selten ein übersteigertes Selbstwertgefühl, das von Arroganz und Überheblichkeit gekennzeichnet ist. Dennoch spürt er, dass er den Erwartungen der Eltern letztlich nicht gerecht werden kann. Im Hintergrund wird das geheime Programm *Ich genüge nicht* immer stärker. Als verwöhntes Kind hat er zudem das Gefühl, nicht satt zu werden. Ein starker Konsum von Süßigkeiten führte zu Übergewicht.

Geheime Programme	*Gegenprogramme*
Ich genüge nicht.	Arroganz, Überheblichkeit
Ich muss etwas Besonderes sein.	Herumkaspern, sich produzieren
Ich bin nicht satt geworden.	Konsum von Süßigkeiten, Chips etc.

Wie die Fallgeschichte zeigt, wurden die Fehler bereits früh begangen, und darum wird es mit Sicherheit keine schnelle Lösung geben können. Doch ist hier als Erstes festzuhalten, dass es keine Schuldzuweisung geben kann. Schuldig macht sich nur ein Mensch, der mit Vorsatz und Absicht etwas Verwerfliches tut. Dies ist jedoch weder bei den Eltern noch bei Moritz der Fall. Entscheidend ist, dass die Eltern »hellsichtig« werden und erkennen, welche Lösungen es geben kann:

Neue Programme	*Neues Verhalten*
Ich genüge immer.	Den Kampf um Anerkennung und Aufmerksamkeit allmählich beenden
Ich bin etwas Besonderes. (Dafür brauche ich nichts zu tun, da jeder Mensch etwas Besonderes ist.)	Die neuen Programme pflegen
In mir ist alles, was ich brauche.	Realistische Problemlösungen suchen
	Verantwortung übernehmen

Von großer Bedeutung ist jetzt, wie mit Moritz gesprochen wird und wie die Eltern mit ihren neuen Erkenntnissen umgehen. Vor dem Hintergrund seines auffälligen Verhaltens wird er Vorwürfe, eventuell Bestrafung und verstärkte Kontrolle erwarten. Dies würde jedoch die geheimen Programme verstärken und seine Tendenz, die Gegenprogramme zu intensivieren, wahrscheinlicher machen.

Vor allem ist Gelassenheit gefragt! Im Zentrum steht die Frage: Wie kann es gelingen, dass Moritz die neuen Programme allmählich integriert? Hier ist es für ihn wichtig zu verstehen, dass er gleichwertig ist: *Ich genüge immer.* Und dass er beginnt, auf das zu schauen, was er hat und was er kann: *In mir ist alles, was ich brauche.*

Moritz sollte seine problematischen inneren Programme in einer seinem Alter entsprechenden Weise kennenlernen. Dies ist ein Prozess, der länger dauert, da die negativen geheimen Programme sich so tief ins Denken und Fühlen eingegraben haben und die neuen Programme erst in »Fleisch« und »Blut« übergehen müssen, bevor eine Verhaltensänderung möglich ist. Für Moritz ist es wahrscheinlich angemessen, wenn man ihm eine Geschichte von einem Kind erzählt, das sehr ähnliche Probleme hat wie er, weil es die gleichen inneren Programme in sich findet und sie ebenfalls unpassend bekämpft.

Erneute Abwertungen können vermieden werden, wenn Moritz verstärkt da Aufmerksamkeit erfährt, wo er sich nicht in einem Gegenprogramm bewegt: Diese Verstärkung ist besonders dann wichtig, wenn er über Sorgen und Nöte spricht. Es gilt zu erkennen, dass seine nach außen getragene Überheblichkeit ja lediglich gespielt ist, um sein verletzliches Selbst zu verbergen.

Für die Eltern wäre es wichtig, ihre verwöhnende Haltung zu überdenken und Moritz allmählich an verantwortungsvollere Tätigkeiten heranzuführen. Dies könnten beispielsweise Pflichten bei der Hausarbeit sein. Für die Erledigung gibt es Lob – Belohnungen (z. B. Fernsehen, Computerspiel) erst dann, wenn die Aufgabe erledigt ist. Moritz braucht ein Gegenüber, das ihn in seinen wahren Bedürfnissen ernst nimmt. Er braucht Grenzen, die deutlich, aber liebevoll gesetzt werden. Nur die klare Orientierung vermittelt ihm Sicherheit.

Das Ziel ist eine Verbesserung der Beziehung zwischen Eltern und Kind mit der Konsequenz, dass sich Moritz' Selbstwertgefühl stabilisiert.

Ein anderes Beispiel:

> Die sechzehnjährige Luisa ist magersüchtig; sie kann mit dem Hungern nicht aufhören. Die gesamte Familie ist bestürzt und ratlos. Vor allem von der Mutter wird Luisa immer wieder aufgefordert, endlich »normal« zu essen. Doch dazu ist sie nicht in der Lage, denn sie leidet an einer Suchtkrankheit.
>
> Wenn Hungern über längere Zeit durchgehalten wird, führt es zu einem Kontrollverlust. Exzessives Hungern wirkt wie ein Aufputschmittel, da der Körper beginnt, Amphetamin zu produzieren, eine körpereigene Droge, die leistungsstark macht und ein Überlegenheitsgefühl erzeugt. Für Magersüchtige ist es daher eine Qual, das Hungern zu beenden, denn die Produktion des Amphetamins wird dann gestoppt. Dies erleben die Betroffenen wie einen Drogenentzug mit Verstimmung, Müdigkeit und starken depressiven Gefühlen. Ohne psychotherapeutische und/oder medikamentöse Unterstützung werden die Beschwerden oft nicht ertragen. Rückfälligkeit ist daher eher wahrscheinlich.
>
> Als Luisa versucht, mit dem Hungern aufzuhören, also beginnt, »normal« zu essen, passiert genau dies: Ihr Körper hört auf, das Amphetamin zu erzeugen, und der »Entzug« setzt ein. Es kommt zu starken negativen Verstimmungen, die sie nicht ertragen kann, und so setzt sie den Teufelskreis des exzessiven Hungerns wieder in Gang.

Wenn Luisa in die Augen ihrer Mutter oder ihres Vaters schaut, sieht sie die Botschaft: *Du genügst nicht. Wir sind enttäuscht von dir. Du bist schuld, dass es uns schlecht geht.* Jeder Kontakt mit den Eltern ist eine Qual für Luisa, da ihre Schuld- und Schamgefühle verstärkt werden, was den Teufelskreis beschleunigt. Sie leidet an einer Krankheit, die stärker ist als sie selbst.

Wenn sie in die Augen der Eltern schaut, müsste sie etwas anderes sehen, etwas, das ihr hilft, die schwierige Situation zu verändern. Im Blick ihrer »hellsichtigen« Mutter oder des Vaters müsste sie sehen: *Ich liebe dich. Ich weiß, wie schwer du es hast. Ich kann deine Verzweiflung verstehen. Ich glaube fest daran, dass du die Krankheit besiegen kannst. Lass' dir helfen, wir (deine Eltern) sind an deiner Seite.*

Da es sich um eine schwere lebensbedrohliche Erkrankung handelt, ist eine stationäre psychotherapeutische Behandlung notwendig.

Der Hintergrund für eine Magersucht ist immer ein gestörtes Selbstwertgefühl, verursacht durch Probleme mit der eigenen Identität und Überforderung durch die Erwachsenenrolle oder dadurch, dass man nie genügen konnte, eventuell auch durch eine sexuelle Traumatisierung.

Magersüchtige müssen, wie alle Suchtkranken, ein neues, unabhängiges Selbstwertgefühl entwickeln, was oft ein langer, aber lohnender Weg ist.

Selbstwertanalyse für Luisa

Während der Therapie erarbeitet Luisa gemeinsam mit ihrer Therapeutin ihre Selbstwertanalyse:

Geheime Programme	*Gegenprogramme*
Ich genüge nicht.	Leistung
Ich bin nicht satt geworden.	Perfektionismus
Ich bin wertlos.	Hungern
Ich bin schuldig.	Exzessiv Sport treiben

Für ein neues Selbstwertgefühl wurden folgende neue Programme und Verhaltensweisen formuliert:

Neue Programme	*Neues Verhalten*
Ich genüge immer.	Korrektur des Essverhaltens unter psychotherapeutischer Anleitung
In mir ist alles, was ich brauche.	Die neuen Programme leben
Ich bin wertvoll.	Rückfälliges Verhalten erkennen und beenden
Ich bin frei (von Schuld).	Neue Freunde suchen

Bei Magersucht stellt sich besonders die Frage, wie und wodurch das Selbstwertgefühl so massiv gestört wurde. Eventuell ist eine sexuelle Traumatisierung die eigentliche Ursache, und hier ist dann unbedingt eine Traumatherapie angezeigt.

Bei Luisa war es das Gefühl, dass sie ihrem Vater nie genügen konnte, da er ihren Bruder häufig bevorzugte und verwöhnte. Alle Anstrengungen, die Aufmerksamkeit des Vaters zu gewinnen, blieben vergeblich. Das Programm *Ich genüge nicht* in Verbindung mit dem Gefühl, vom Vater nicht genügend Liebe zu bekommen (*Ich bin zu kurz gekommen*), wurde zu ihrem Dilemma. Alle Versuche, die Zuneigung des Vaters über Leistung zu gewinnen, waren letztlich umsonst.

In der Therapie erarbeitete sich Luisa mit neuen Programmen ein unabhängigeres Selbstwertgefühl.

Grundsätzliches zu geheimen Programmen

Die folgenden drei Grundsätze gelten für Erwachsene wie für Kinder:

> !
>
> 1. Geheime Programme haben die Eigenschaft, sich immer wieder neu zu installieren und zu realisieren.

Auch wenn mitunter der Eindruck entsteht, dass die geheimen Programme verschwunden sind, ist es nur eine Frage der Zeit, bis sie sich wieder mit Macht melden. Rückfälle in die bekannten Verhaltensgewohnheiten sind daher sehr wahrscheinlich. Dies ist jedoch nicht dramatisch, da man jederzeit zu den besseren, gesünderen Programmen und zum angemesseneren Verhalten zurückfinden kann. Neue Programme kann man immer nur im Hier und Jetzt installieren, nicht in der Vergangenheit und nicht in der Zukunft. Auch bei Rückfällen in frühere Gewohnheiten gilt: *Ich genüge immer; entscheidend ist, dass ich wieder zu den neuen Programmen und zum neuen Verhalten zurückfinde.*

Wenn die Selbstwertanalyse in schriftlicher Form vorhanden ist, kann man immer wieder einen Blick darauf werfen und so die innere Haltung stabilisieren, was von großem Wert ist. Man kann das Blatt etwa auf der Rückseite einer Schranktür anbringen.

> !
>
> 2. Menschen leiden unter ihren negativen Gedanken, die sich vor dem Hintergrund der geheimen Programme bilden und dann immer wieder auftauchen.

Innerlich sprechen Menschen unablässig mit sich selbst. Selbstabwertung und Selbstbeschimpfung sind z. B. die Folge des Programms *Ich genüge nicht.* Wer schlecht mit sich selbst redet, auch wenn dies »nur« in seinem Inneren geschieht, setzt unweigerlich negative Gefühlsenergie frei. Das Kind (der Erwachsene) wird sich schlecht fühlen. Dieses unangenehme Gefühl begünstigt erneute Selbstabwertung – ein Teufelskreis.

Um diese Selbstgespräche abzustellen bedarf es einer Anleitung. Auch hier gilt das Hier-und-Jetzt-Prinzip. Es geht darum, möglichst völlig auf Selbstabwertungen zu verzichten (bzw. erst gar nicht damit anzufangen).

3. Negative geheime Programme verlieren in dem Maße ihre Wirkung, wie es gelingt, neue positive Programme zu installieren.

!

Die neuen Programme helfen entscheidend dabei, das negative Gedankenkarussell zu stoppen. Menschen mit einem echten, starken Selbstwertgefühl kommen erst gar nicht auf die Idee, sich selbst abzuwerten.

Wie man neue Programme verankert

Lass keine Gelegenheit aus, deinem Kind zu sagen, dass es willkommen ist und dass du es liebst.
Lass keine Gelegenheit aus, deinem Kind zu sagen, dass es immer genügt.
Lass keine Gelegenheit aus, deinem Kind zu sagen, dass alles, was es braucht, schon in ihm ist.

!

Bei den bisherigen Ausführungen zu den geheimen Programmen wurde schon vieles zur Integration neuer Programme gesagt. An dieser Stelle geht es darum, dies zu vertiefen und zu zeigen, wie man sie dauerhaft verankert. Wie schon deutlich wurde, ist der Glaube an die destruktiven Programme das eigentliche Problem. Um die Schwierigkeiten bewältigen zu können, bedarf es nicht nur neuer Programme, sondern auch der Installation eines neuen Glaubenssystems. Nur wenn dieses fest verankert ist, wird sich das Selbstwertgefühl verändern.

Wie lässt sich das Glaubenssystem verändern?

Der Glaube ist die stärkste Energie im Menschen. Alles, was ein Mensch wirklich glaubt, birgt in sich die starke Tendenz, sich auch in der Realität zu ereignen. »*Ich glaube an dich und daran, dass du es schaffst!*« kann lediglich eine Floskel sein, die von anderen ohne innere Überzeugung geäußert wird und auch nicht aus einer tiefen Gewissheit stammt. Das, was wirklich zählt, ist vielmehr der *eigene* Glaube. Natürlich kann es sehr hilfreich sein, wenn andere »mitglauben«, weil so der eigene Glaube unterstützt wird. Richtig zu glauben, ist eine Kunst, die man erlernen kann. Damit ist nicht gemeint, die eigene Meinung nicht in Frage zu stellen oder stellen zu lassen. Jede Form von Überheblichkeit ist immer ein Zeichen eines instabilen Selbstwertgefühls. Dagegen ist die Fähigkeit, Kritik an der eigenen Person konstruktiv zu nutzen, ein Zeichen eines stabilen Selbstwertgefühls.

In jeder negativen Erwartung steckt eine negative Energie, eine Art magische Kraft. Die Wahrscheinlichkeit, dass diese Erwartung dann auch Realität wird, ist groß. Glücklicherweise ist das umgekehrt genauso: Wer eine starke positive Erwartung in sich trägt, glaubt an das Gute und setzt damit hilfreiche und positive Energie frei.

Im Folgenden lesen Sie zwei ähnliche, jedoch unterschiedliche Sätze:

a) *Ich hoffe, dass ich die Prüfung bestehen werde.*
b) *Ich weiß, dass ich die Prüfung bestehen werde.*

Im ersten Satz sind gewisse Zweifel nicht zu übersehen, im zweiten werden Sicherheit und Optimismus spürbar. Es ist möglich, dass beide Kandidaten bestehen, beide nicht bestehen oder aber nur einer von beiden. Die Wahrscheinlichkeit, dass jemand, der sicher an seinen Erfolg glaubt, die Prüfung eher bestehen wird, ist jedoch sehr groß.

Wenn der Glaube die stärkste Energie im Menschen ist, dann macht es Sinn, der Frage nachzugehen, wie Glaube funktioniert. Wie glaubt man richtig? Wer an Glauben denkt, meint meistens den Glauben an Gott, ein höheres Wesen oder an eine Religion. Hier soll es jedoch darum gehen, sich Umstände und Sachverhalte bewusst zu machen, an die wir glauben. Die geheimen Programme sind solche, manchmal wenig bewussten tiefen Glaubensinhalte, die ihre Wirkung nicht verfehlen. Die Macht der geheimen Programme ist enorm, wenn sie sich negativ bemerkbar machen. Ein falscher Glaube (d.h. bestimmte geheime Programme) kann das Leben eines Menschen nicht nur beeinflussen, sondern auch zerstören.

Um Erwünschtes gedanklich zu unterstützen, sollte man den Prozess des Glaubens kennen und die Energie des Glaubens nutzen können.

Die Macht des Glaubens

Die einfachste Art, sich von der Wirksamkeit des Glaubens zu überzeugen, ist das Wissen um Placebos. Dies sind »Scheinmedikamente«, die als Inhaltsstoff lediglich einfaches Mehl oder Traubenzucker enthalten. Manchmal sind sie in ihrer Wirksamkeit den üblichen Medikamenten überlegen, da sie keinerlei Nebenwirkungen haben, die chemische Produkte immer auch erzeugen. Neulich wurde ich von einem glühenden Vertreter der Bachblütentherapie gefragt, ob ich an die Wirksamkeit von Bachblüten glauben würde. Meine Antwort: *Von der Wirksamkeit der Bachblütentherapie bin ich überzeugt.* Wissenschaftliche Untersuchungen haben gezeigt, dass Bachblüten genauso wirksam sind wie Placebos. Dabei ist die Wirksamkeit von Placebos mitunter enorm; sie sind in der Lage, chemische Prozesse im Körper zu erzeugen. Angeblich unheilbar Krebskranke wurden mit Placebos gesund, nachdem man ihnen diese als neues und sehr wirksames Medikament verabreichte – ihr Glaube hatte geholfen.

In dem Satz *Hoffentlich werde ich gesund* stecken große Zweifel. Auf diese Weise, so muss man sagen, reagieren die meisten Menschen: Sie hoffen und zagen. Begriffe wie »vielleicht«, »eventuell«, »sehr wahrscheinlich«, »vermutlich«, »womöglich«, »wenn ich doch endlich ...« »unter Umständen« sind oft angemessen, wenn man etwas nicht genau sagen kann. Wer aber die Kraft des Glaubens nutzen will, sollte diese Begriffe aus seinem Wortschatz streichen.

Glauben will gelernt sein, und, wie es schon in der Bibel heißt: Der Glaube kann Berge versetzen.

Eine wirksame Methode, die Kraft des Glaubens einzusetzen, ist, sich den erwünschten Zustand als schon im Hier und Jetzt eingetreten vorzustellen. Man versetzt sich gefühlsmäßig und gedanklich genau in die Lage, die es zu erreichen gilt. Besonders die Gefühle sollten möglichst exakt den Zustand widerspiegeln, so als wäre das Gewünschte schon da.

Eine andere Methode, die Gedanken in eine positive Richtung zu lenken, ist z. B., häufig an ein neues Programm zu denken, dabei mit der rechten Hand an das linke Handgelenk zu greifen und den jeweiligen Satz im Stillen vor sich hin zu sagen: *Ich genüge mir immer*, oder: *In mir ist alles, was ich brauche* oder: *Ich bin willkommen.* In der Fachsprache heißt dies *bilaterale Stimulation.* (Man könnte sich bei der Gelegenheit auch immer ans Ohrläppchen fassen, das wäre genauso effektiv.) Dadurch werden die mit dem neuen Programm verbundenen positiven Gefühle körperlich verankert. Wenn Sie dabei gleichzeitig lächeln (ein neues Programm will immer mit positiver Energie aufgeladen werden), wird Ihr Glaube weiter gestärkt. Das neue Programm ist dann Realität im Hier und Jetzt. Fassen Sie dabei immer wieder an Ihr linkes Handgelenk! Auch Kindern kann diese Technik vermittelt werden, denn auch bei ihnen gilt nur der eigene Glaube.

> Dem zehnjährigen Leo, den häufige Selbstzweifel plagten, wurde der Umgang mit einem neuen Programm erklärt. Begeistert nahm er ein buntes Band an das linke Handgelenk, an dem er fortan immer wieder zupfte und das neue Programm in Gedanken entstehen ließ: *Ich genüge immer!*

Starke innere Bilder haben die Tendenz, sich in der Realität zu bewahrheiten. Darum ist es gut, den gewünschten Zustand zu visualisieren, ihn sich also bildlich vorzustellen. Das Unbewusste kann bei der Realisierung helfen, denn Bilder erreichen die tieferen Schichten der Psyche.

Noch etwas gilt für das Unbewusste: *Es kann zwischen Realität und Fantasie nicht unterscheiden.* Für die Wirkung auf das Unbewusste spielt es also keine Rolle, ob die Dinge wirklich passieren oder ob sie nur in Bildern und Gedanken fantasiert werden.

Die Realität wird von jedem Menschen anders wahrgenommen und ist ebenso eine Illusion wie die Bilder, die man erträumt. Menschen leben in dem Wahn, dass das, was sie sehen und fühlen, die unverrückbare Realität ist. Für viele Situationen trifft dies auch zu, allerdings kann ihre Bewertung völlig unterschiedlich ausfallen und damit auch eine ganz andere Realität erzeugen. Wenn etwa jemand auf sein Bankkonto schaut, dann ist die Zahl, die er dort sieht, korrekt und damit eine Realität. Wie diese Zahl jedoch bewertet wird, kann sehr unterschiedlich sein und grundverschiedene Gefühle und Gedanken auslösen.

Wie lassen sich Gefühle verändern?

Die Funktionsweise von Gefühlen kann man etwa folgendermaßen beschreiben: Gefühle sind minimale bio-elektrische Prozesse im Gehirn, die über Nervenbahnen im gesamten Körper gespürt werden. Wenn man also Gefühle verändern will, muss sich die »Chemie« im Körper verändern. Wer sich selbst beobachtet, kann die Veränderung wahrnehmen,

z. B. wenn er plötzlich einen guten Freund unerwartet auf der Straße trifft, eine schlechte Nachricht mit der Post kommt oder wenn man einfach nur das Sonnenbad auf der Terrasse genießt. Plötzlich fühlt man anders.

Negative Gedanken führen unweigerlich und unmittelbar zu unangenehmen Gefühlen. Glückliche Menschen denken dagegen meist positiv. Für sie ist das Glas eher halb voll als halb leer. Sie haben positive Bilder von sich selbst und von ihrer Zukunft. Dadurch entstehen auch positive Gefühle.

Neue Programme verändern die »Chemie« im Körper in dem Maße, wie wir daran glauben. Da die geheimen Programme so früh und intensiv gelernt wurden, wird besonders zu Beginn der Übung mit der Tendenz zu rechnen sein, dass sich »alte Chemie« wieder bemerkbar macht. Dies muss als normal betrachtet werden, kann aber leicht dadurch beseitigt werden, dass man sich wieder auf die neuen Programme konzentriert. Wenn es nicht gelingen will, an ein neues Programm zu glauben, hilft oft ein einfacher Trick: Man sagt sich immer wieder und mit Nachdruck: »Ich genüge gar nicht, ich bin ein absoluter Verlierer ...« Mit Sicherheit wird bald der Ärger so stark sein, dass man sich lieber einem neuen Programm zuwendet.

Die Arbeit mit neuen Programmen gelingt am besten, wenn man daran glauben kann, dass man sie schon verinnerlicht hat, wenn man so tut »als ob«. Eine weitere, sehr wirksame Methode ist, das neue Programm an jedem Abend zwanzigmal aufzuschreiben. Der Glaube wird durch ständige Wiederholung gestärkt.

Der Glaube spielt auch in diesem Beispiel eine entscheidende Rolle:

> Eine Erzieherin legt einem Kind, dass sich auffällig verhält, die Hand auf die Schulter und sagt laut: »Das ist eine Phase, die vorübergeht.«

Die Wirkung dieser Geste geht in beide Richtungen: Zunächst ist festzustellen, dass der Situation das Drama genommen wird. Die Erzieherin beruhigt sich selbst, weil sie daran glaubt, dass es sich um eine vorübergehende Auffälligkeit handelt. Das Kind wird nicht abgewertet, was mit Sicherheit zu einer Verstärkung des Symptoms führen würde, sondern es erfährt Verständnis und wird mit der unerschütterlichen, gelassenen Haltung der Erzieherin konfrontiert, dass es sich nur um etwas Vorübergehendes handelt. Die Erzieherin bleibt in einem positiven, wohlwollenden Kontakt mit dem Kind. Sie sagt nicht, dass das, was geschieht, in Ordnung ist oder dass man es verharmlosen oder ignorieren könnte. Das Ganze ist sicher eine einfache und geniale Intervention.

Diesen Glauben sollten sich Eltern zu eigen machen, wenn Kinder in schwierige Phasen geraten und ein problematisches Verhalten zeigen. Die Zweifel der Eltern dürfen nicht zu Selbstzweifeln des Kindes werden. Gelassenheit und die tiefe Überzeugung, dass alles in die richtigen Bahnen kommt, stärkt dagegen das Selbstvertrauen des Kindes. Das innere Programm *Ich genüge immer* darf nicht beschädigt werden.

Neues Verhalten stärken

Die Arbeit mit neuen Programmen kann zu sozial kompetenterem Verhalten führen. Kinder, die sich gleichwertig fühlen, sind selbstsicherer und haben weniger soziale Ängste. Zufriedenheit entsteht, wenn man anderen Menschen auf Augenhöhe begegnen kann. Dies muss eventuell geübt werden. Das Bedürfnis, sich über andere zu stellen, wird als mangelndes Selbstwertgefühl enttarnt; das Programm *Ich genüge nicht* ist aktiv. Das Gegenprogramm heißt dann: *Wenn ich größer und stärker bin als andere, dann verschwindet mein Minderwertigkeitsgefühl* – wie wir sehen konnten, ein großer Irrtum! Dabei gibt es keinen Grund, sich als weniger wichtig und wertvoll zu fühlen. Der neue Glaube an den eigenen Selbstwert muss sich im Laufe der Zeit langsam in der Seele »verankern«, so dass zunehmend auf destruktive Gegenprogramme verzichtet werden kann.

Im Folgenden zwei Beispiele für die Wirksamkeit neuer Programme:

Paul (11 Jahre) hat sich für ein neues Programm entschieden: *Ich genüge immer.* Dies führt dazu, dass seine Selbstzweifel, die er ständig in sich trug, langsam verschwinden. Er wird selbstsicherer, mutiger und erfolgreicher. Das neue Programm hat entscheidend dabei geholfen, die häufigen Selbstabwertungen, die Paul zuvor in seinem Inneren vornahm, zu stoppen.

Die vierzehnjährige Sophie arbeitet mit dem neuen Programm *Ich bin willkommen.* Ihr Vater hatte sie früh im Stich gelassen, als er sich von der Mutter trennte und den Kontakt zur Familie abbrach. Ihr Selbstwertgefühl verbesserte sich, als sie ihre Aufmerksamkeit zunehmend auf die Menschen richtete, bei denen sie sich willkommen fühlte. Im Kontakt zu ihren Mitschülerinnen und Mitschülern wurde sie freier und sicherer. Sie spürt, wie wichtig es ist, dass sie sich selbst willkommen heißt. So ist ihr Selbstwertgefühl nun auch unabhängiger von der Meinung anderer.

Die Unabhängigkeit von anderen wird durch das neue Programm *In mir ist alles, was ich brauche* gefördert. Neid- und Eifersuchtsgefühle nehmen ab, innere Zufriedenheit wächst. Solange das Gefühl zu kurz zu kommen vorherrscht und den Alltag prägt, kann sich Selbstliebe nicht entwickeln.

Nicht selten haben sich bei Kindern und Jugendlichen Gegenprogramme etabliert, die sich nicht so schnell verändern lassen: etwa Trotz und Aggression oder der mitunter süchtige Umgang mit Computerspielen. Diese und andere problematische Verhaltensweisen nur verbieten zu wollen oder zu bestrafen, ist wenig hilfreich. Die Lösung muss aus dem Innern des Kindes kommen, in Form neuer Programme. Kinder und Jugendliche für die Arbeit am eigenen Selbstwertgefühl zu begeistern, ist eine der wichtigsten Aufgaben.

Schwierige Eltern-Kind-Beziehungen

Ohne Frage verfügen viele Eltern über ein echtes, stabiles Selbstwertgefühl. Sowohl intuitiv als auch bewusst vermitteln sie ihrem Kind gute, innere Programme. Im Folgenden sollen nun schwierige Beziehungsmuster zwischen Eltern und Kindern betrachtet werden, um dabei zu helfen, schädliche Entwicklungen möglichst zu vermeiden bzw. frühzeitig zu erkennen und zu bearbeiten. Denn das Leben eines Menschen ist unweigerlich davon geprägt, wie die Beziehung zu seinen Eltern war.

Narzisstischer Missbrauch

Von narzisstischem Missbrauch ist die Rede, wenn Eltern versuchen, ihr Selbstwertgefühl dadurch zu verbessern, dass sie ihr Kind zu Höchstleistungen antreiben, um damit selbst zu glänzen. Der Missbrauch besteht darin, dass es nicht in erster Linie um das Wohl des Kindes geht, sondern um den Ehrgeiz der Mutter oder des Vaters. Ein solches Kind leidet unter den hohen Erwartungen, wird eventuell zu bestimmten Aufgaben und Arbeiten gezwungen, damit ein Elternteil oder beide sich mit den besonderen Leistungen des Kindes rühmen können und sich gut fühlen.

Dass Eltern ihrem Kind das Beste wünschen, ist selbstverständlich. Liebe drückt sich ja darin aus, dass man es unbedingt gut mit dem Kind meint. Im Rahmen von narzisstischem Missbrauch kommt es allerdings zu einer unseligen Vermischung der Wünsche für das Kind und eigenen Wünschen und Bedürfnissen, nach dem Motto: »Wenn mein Kind es nicht einmal besser hat als ich, dann geht es mir schlecht oder zumindest nicht gut genug.« Diese Einstellung mag sich auf eigene verpasste Chancen, ungünstige Bedingungen, Benachteiligungen oder persönliche Fehler, die man gemacht hat, gründen. Die Hoffnung richtet sich dann auf das Kind: Aus ihm soll etwas Besseres werden. Ihm soll es gut gehen, dafür gilt es jetzt zu arbeiten. Dieses Ansinnen ist menschlich zu verstehen, aber in der Realität mit großen Problemen verbunden. Das Beste, was einem Kind passieren kann, ist eine zufriedene Mutter und ein zufriedener Vater. Sie sind die geeigneten Vorbilder, um zu lernen, wie man Zufriedenheit lebt.

Zwei Drittel der Kinder, die zusätzlichen Nachhilfeunterricht bekommen, stehen mit ihren Schulnoten zwischen »Befriedigend« und »Sehr gut«. Es geht also hier gar nicht um echte schulische Probleme, sondern eher um den Ehrgeiz von Eltern, die ihr Kind zu besseren Leistungen antreiben.

Auf dieses Weise werden oft die wahren Bedürfnisse des Kindes missachtet. Der Betrug bekommt dadurch eine brutale Dimension, dass dem Kind immer wieder suggeriert wird, es geschehe alles zu seinem Besten: *Ich will ja nur, dass du es einmal besser hast, dass du Erfolg hast, dass du der/die Beste bist.* Kinder haben hier in gewisser Weise »den siebten Sinn«: Sie spüren, dass es eigentlich gar nicht um sie selbst, sondern um die Bedürfnisse der Eltern geht. So geraten sie mit dem, was man ihnen sagt, in einen Zwiespalt: Sie hören, dass die Mutter oder der Vater sich immer nur um seine Belange kümmert *(Was tue ich nicht alles für deinen Erfolg!)*, aber sie spüren, dass es um die egoistischen Bedürfnisse der Eltern selbst geht. Wenn dann etwas nicht nach Wunsch geschieht, werden auf subtile Weise Schuldgefühle vermittelt und dem Kind damit vermittelt, dass es nie gut genug ist. Unweigerlich wird immer wieder das Programm *Du genügst nicht* installiert bzw. verstärkt. Letztlich kann auch die beste Leistung, die ein Kind erbringt, das Selbstwertgefühl eines Elternteils bzw. beider Eltern nicht wirklich verbessern. Wenn es einen Erfolg gibt, dann ist es der Erfolg des Kindes. Außerdem kann Erfolg ein bereits gestörtes Selbstwertgefühl sowieso nicht wirklich korrigieren. Es wird keine Zufriedenheit auf Seiten der Eltern geben können, da auch die besten Leistungen lediglich zu einem »Noch mehr« führen. Da das Kind spürt, dass es den Erwartungen nie genügen kann, wird es verzweifelt sein. Es ist eine Verzweiflung, die meist versteckt ist und die nicht verstanden wird, und so sucht sie sich dann, wie man sehen wird, andere Kanäle.

Die zentrale Frage lautet: *Wer will was?* Wollen Eltern ihr eigenes Selbstwertgefühl verbessern und treiben sie ihr Kind deswegen zu Höchstleistungen an, oder hat ein Kind tatsächlich Spaß beispielsweise an der intensiven Ausübung eines Hobbys? Steht lediglich der Ehrgeiz der Eltern im Vordergrund, wird es zu Kollisionen kommen müssen. Die Kinder geraten in eine Zwickmühle, aus der es scheinbar kein Entkommen gibt. Passen sie sich den Erwartungen an, verraten sie ihr eigenes Ich. Verweigern sie die Leistung, werden sie Schuldgefühle entwickeln. Bei vielen dieser Menschen kommt es zu einer gestörten Persönlichkeitsentwicklung. Trotz oder Anpassung werden das Leben dominieren, wobei Trotz immer eine Form der Anpassung ist: Wenn jemand »A« sagt, sagt der Trotzige »B«. Wenn jemand »B« sagt, sagt der Trotzige »A« – dies ist eine Anpassung an das Gegenteil! Auf verkehrte Weise streben diese Kinder nach Autonomie. Im weiteren Leben geraten sie immer wieder in Konflikt mit Autoritäten wie Lehrerinnen und Lehrern, Vorgesetzten oder auch Ordnungsbehörden. Sie kämpfen ums »Rechtbekommen«, wobei es in Wirklichkeit um Liebe und Anerkennung geht.

Viele Kinder protestieren gegen ihre Eltern mit Leistungsverweigerung. Ein unterschwelliger Machtkampf ist entstanden, der besonders dramatisch ist, weil Kinder ihre eigene Person als Mittel einsetzen, um sich gegen die Ansprüche ihrer Eltern zu wehren. So sind sie zum Misserfolg verdammt, da es bei diesem Machtkampf keine Gewinner geben kann. Im Fall von schulischem Erfolg hätten die Eltern gewonnen, und das darf nicht sein. Misserfolg in der Schule bedeutet aber immer auch Leid, denn er bestätigt das geheime Programm *Du genügst nicht!* Während meiner therapeutischen Arbeit habe ich immer wieder Menschen erlebt, die kurz bevor sie ein Vorhaben, eine Ausbildung oder Ähnliches zu Ende gebracht hätten, aufgaben. Sie waren »verdammt« dazu, keinen Erfolg zu haben. Die Frage, was sie selbst wirklich wollten, konnten sie über Jahre, manchmal Jahrzehnte lang nicht beantworten. So bleibt die eigene Persönlichkeit auf der Strecke. In vielen Fällen führte dies zu psychischen Störungen.

Kinder, die den Erwartungen ihrer Eltern nicht entsprechen, erfahren immer wieder heftige Abwertungen, etwa: *Aus dir wird nichts. Du hättest etwas aus dir machen können. Immer enttäuschst du mich. Wenn du nicht so faul wärst …* Wenn dies grundsätzliche Haltungen der Eltern sind, muss man von einer Katastrophe für das Selbstwertgefühl ausgehen.

Ein weiteres geheimes Programm begleitet viele (nicht alle) Menschen, die narzisstischen Missbrauch erleben mussten, ihr Leben lang: *Du musst etwas Besonderes sein.* Das ist anstrengend für den Betroffenen sowie für sein soziales Umfeld. Anderen immer zeigen zu müssen, dass man etwas Besonderes ist, führt leicht zu übertriebenem Geltungsdrang. Egoistisches und manipulatives Verhalten sind dann häufig anzutreffen. In schweren Fällen ist eine narzisstische Persönlichkeitsstörung die Folge.[6]

Ein Fallbeispiel

Das folgende Beispiel zeigt, wie narzisstischer Missbrauch das Selbstwertgefühl von Kindern beschädigt.

Marie, zwölf Jahre alt, ist eine sehr gute Schülerin. Sie ist ehrgeizig und verbringt viele Stunden des Tages mit zusätzlichem Lernen, wodurch sie sich einen Vorsprung gegenüber ihren Mitschülerinnen und Mitschülern verschafft. Die Mutter ist besonders stolz auf ihre Tochter, spricht auch gerne über deren gute Leistungen. Da sie selbst während ihrer Kindheit und Jugendzeit kaum Möglichkeiten hatte, eine gute schulische Ausbildung zu absolvieren, ist es quasi eine Genugtuung für sie, dass Marie genau die Schülerin ist, die sie selbst gerne gewesen wäre. Sobald eine kleine Schwäche auftaucht, wird eine Nachhilfe organisiert.

Als Klassenbeste, sollte man meinen, verfügt Marie über ein gutes Selbstwertgefühl. Einige Merkmale jedoch geben Anlass zum Nachdenken: Marie ist leicht zu verunsichern; wenn sie mal etwas nicht weiß, ist das für sie eine Katastrophe. Sie fühlt sich dann schlecht und redet entsprechend negativ mit sich selbst. Fast ständig steht sie unter Spannung, und nicht selten stellen sich migräneartige Kopfschmerzen ein. Als sie in einem sportlichen Wettkampf nur Zweite wird, klagt sie über Übelkeit und fehlt am nächsten Tag in der Schule. Kritik hört sie nur selten, aber wenn sie einmal doch kritisiert wird, wirkt dies auf sie wie ein tiefer Schlag in den Magen.

Trotz der sehr guten Leistungen hat Marie ein labiles Selbstwertgefühl. Sie trägt vor allem das geheime Programm *Ich genüge nicht* in sich. Sie befindet sich in einem tragischen Teufelskreis: Mit immer besseren Leistungen versucht sie, das innere Gefühl, nicht zu genügen, wegzuarbeiten. Doch auch bei Erfolg stellt sich gleich wieder die bekannte Forderung ein: *Ich muss noch besser werden.*

Unbewusst hat Marie die Forderung ihrer Mutter übernommen, dass sie eine sehr gute Schülerin sein muss, damit deren Bedürfnisse nach Anerkennung erfüllt werden. Da das imaginäre Ziel der Mutter jedoch in der Zukunft angesiedelt ist, nicht im Hier und Jetzt, ist Marie mit ihren Leistungen nie völlig zufrieden. Sie darf keinesfalls schlechter werden, darf nicht nachlassen, muss immer besser werden. Gleichzeitig möchte sie mittlerweile ihren Leistungsanspruch loswerden, da er sie bedrückt und quält. Nach außen versucht sie, das Bild der perfekten Schülerin und Tochter zu bieten, wobei sie mitunter gekünstelt wirkt. Die dauernde Belastung führt zu Unzufriedenheit, ein Gefühl, von dem auch die Mutter bestimmt ist.

Die Selbstwertanalyse ergibt Folgendes: Marie war ein Wunschkind und wird von beiden Eltern sehr geliebt. Die Frage, ob sie erwünscht war, kann man somit mit Ja beantworten. Die Mutter ist dominant, und dementsprechend ist Marie angepasst und hat gelernt zu gehorchen. Trotz ihrer sehr guten Leistungen hat Marie Angst, nicht zu genügen, und findet trotz aller Anstrengung keine Sicherheit in sich. Das zentrale geheime Programm lautet: *Ich genüge nicht.* Für die Mutter soll Marie etwas Besonderes sein, und entsprechend heißt ein weiteres Programm: *Ich muss etwas Besonderes sein.* Das ist im Laufe der Zeit anstrengend und setzt Marie unter Dauerstress. Die Folge sind psychosomatische Beschwerden wie Migräne und mitunter auftretende Übelkeit. Nach außen darf Marie genau wie ihre Mutter keine Schwächen zeigen, daraus resultiert ein weiteres geheimes Programm: *Ich muss immer stark sein.*

Maries Gegenprogramme verschärfen die Probleme: Hier ist zunächst Leistung zu nennen. Um ihren eigenen hohen Ansprüchen gerecht zu werden, verbringt Marie täglich viele Stunden mit zusätzlichem Lernen. Mit ihren guten Zensuren, die sie auf diese Weise immer wieder erzielt, wird es ihr jedoch keinesfalls gelingen, das geheime Programm *Ich genüge nicht* zu löschen. Auch das Streben nach Anerkennung ist ein Versuch, endlich zu genügen und der Angst vor Kritik und Versagen etwas entgegenzusetzen. Marie will immer perfekter werden, damit verschärft sie jedoch unbewusst ihre innere Unsicherheit. Perfektionismus ist eine Falle, die zu noch mehr Angst und Zweifeln führt, denn wann ist man jemals gut genug?

Nach außen darf Marie keine Schwächen zeigen, sondern soll einem Ideal entsprechen. Sie wirkt starr und trägt eine freundliche Maske. Auffällig ist, dass sie kaum Freundinnen hat. Sie ist insgesamt gehemmt und sprachlos, wenn es um den Ausdruck von Gefühlen geht. Sie spricht nicht über ihre Ängste und Sorgen. Und so fühlt sie sich isoliert und flüchtet nicht selten in Tagträume, in denen sie zu großem Ruhm und Anerkennung gelangt.

Die psychosomatischen Beschwerden wie Migräne oder Bauchschmerzen können das starre System zumindest zeitweise etwas aufbrechen: Marie muss jetzt ruhig werden und akzeptieren, dass sie nicht (mehr) kann.

Marie benötigt neue Programme, um ihr gestörtes Selbstwertgefühl zu korrigieren. Wie weiter unten beschrieben wird, bedarf es hier des guten Zusammenspiels zwischen Marie und ihrer Mutter. Allein ist sie mit großer Wahrscheinlichkeit nicht dazu in der Lage, zu einem unabhängigeren Selbstwertgefühl zu gelangen. Wenn nicht umfangreiche Veränderungen stattfinden, nimmt sie ihr gestörtes Selbstwertgefühl mit in ihr Erwachsenendasein.

Ein besseres Selbstwertgefühl kann es für Marie nur geben, wenn es zunächst der Mutter gelingen würde, ihre Erwartungen an ihre Tochter zu hinterfragen und zu verstehen, woher diese Haltung stammt. Sie müsste sich ihrer eigenen Not bewusstwerden und beginnen, selbst ein unabhängigeres Selbstwertgefühl zu entwickeln. Ihr Blick hat sich viel zu sehr auf die Dinge gerichtet, die sie selbst nicht hat und über ihre Tochter zu bekommen sucht. Immer wieder war die Mutter gedanklich mit Vergleichen und Konkurrieren beschäftigt. Sie müsste ihr geheimes Programm *Ich bin zu kurz gekommen* erkennen und bearbeiten. So wäre es gut, wenn sie erkennen könnte, dass es ein Trugschluss ist zu meinen, sie könnte ihr gestörtes Selbstwertgefühl über die Leistungen der Tochter verbessern. Selbst wenn Marie tatsächlich eine tolle Karriere gelänge, könnte dies die nagende Unzufriedenheit der Mutter nicht beseitigen. Es wäre wichtig, dass die Mutter versteht, welch hohen Preis Marie aufgrund der mütterlichen Erwartungen bezahlen muss. Obwohl sie sicher glaubt, das Beste für Marie zu tun, erreicht sie genau das Gegenteil und vererbt ihrer Tochter die eigenen Probleme. So ist es an der Zeit, dass sie mit Hilfe der Selbstwertanalyse neue Programme installiert.

Sicher wäre es für Marie hilfreich, wenn die Veränderung im Verhalten ihrer Mutter transparent würde. Gleichzeitig muss davon ausgegangen werden, dass das neue Verhalten der Mutter nur allmählich auf Marie »abfärbt«. Die frühen Impulse sind immer prägender als spätere Erfahrungen.

Maries Problem gibt es leider häufig. Im späteren Leben finden diese Menschen schwer ihren eigenen Weg, da es ihnen kaum gelingt, unabhängig von den Erwartungen anderer zu werden. Weiterhin fällt es ihnen schwer, trotz der großen Anstrengungen Erfolge zu genießen, da sie in ihren eigenen Augen nie gut genug sind. So entwickeln sie vor dem Hintergrund dauerhafter Selbstüberforderung immer stärker werdende psychosomatische Symptome und werden nicht selten Opfer einer Arbeitssucht.

Was Eltern tun können

Nur mit etwas Abstand ist zu erkennen, dass es beim narzisstischen Missbrauch um das Selbstwertgefühl der Eltern geht. Nicht selten wurden sie selbst auf ähnliche Weise missbraucht. Auch sie sollten für ihre Eltern etwas Besonderes sein. Dies ist wichtig zu verstehen, da nur eine Reflexion und Korrektur des eigenen Verhaltens wirklich hilft. Eltern glauben, es so machen zu müssen, wie sie es tun. Sie verstehen zunächst meist nicht, dass für ihr Verhalten immer ein hoher Preis zu zahlen ist. Dabei sind es in erster Linie die missbrauchten Kinder, die die Last tragen werden.

Eltern können ihrem Kind nur dann wirklich helfen, wenn sie sich der Probleme bewusst werden, die sie mit ihrem eigenen Selbstwertgefühl haben. Erst wenn sie beginnen, für sich selbst mit neuen Programmen zu arbeiten, haben sie die Möglichkeit, im Sinne eines guten Vorbilds bewusst und unbewusst Einfluss auf die Selbstwertentwicklung des Kindes zu nehmen.

Wer selbst Opfer narzisstischen Missbrauchs war, sollte vor allem nach Wegen suchen, seine eigenen negativen Programme zu erkennen, die das Selbstwertgefühl noch immer belasten. Wahrscheinlich wird man das geheime Programm *Ich genüge nicht* entdecken. Das, was für ein Kind gut ist, sollte auch für die eigene Person gelten. Ein Kind braucht für sein stabiles Selbstwertgefühl das Programm *Ich genüge immer*, gerade auch dann, wenn etwas nicht gelingt, wenn Fehler gemacht werden etc. Das gilt auch für die Eltern, die sich von ihren hohen Erwartungen an sich selbst verabschieden wollen.

Die Kunst der Zufriedenheit und der Gelassenheit besteht darin, mit dem Vergleichen aufzuhören bzw. gar nicht erst damit anzufangen, auch wenn viele Eltern damit nicht aufhören wollen, mit der Begründung: »Das machen doch alle …« Das Ziel ist, sich auf Augenhöhe mit anderen zu fühlen, gerade auch angesichts von Unterschieden. Wer glaubt, immer besser sein zu müssen als andere, stellt sich selbst unter höchste Anforderungen und Stress. Wer sich mit Besseren vergleicht, wird sich selbst abwerten, weil er glaubt, nicht zu genügen, oder aber neidisch sein auf den Erfolg des anderen. Neid ist ein menschliches Gefühl, aber mit meist negativen Folgen. Er verursacht schlechte Gefühle und verstärkt die geheimen Programme *Ich genüge nicht* und *Ich bin zu kurz gekommen*. Bestenfalls dient es dem Ansporn.

Mit älteren Kindern ist es möglich, über das eigene Selbstwertgefühl zu reden. Das ist die effektivste Form der Einflussnahme, weil es in aller Regel Kinder interessiert, wie Eltern mit ihrem Selbstwertgefühl umgehen. Aussagen könnten z.B. sein: *Ich habe damit aufgehört, mit anderen zu konkurrieren. Die Hauptsache ist, dass ich mit mir zufrieden bin, egal was andere machen. Du musst wissen, dass ich immer mit dir zufrieden bin, auch wenn eine Arbeit mal nicht gelingt. Man hat immer Höhen und Tiefen im Leben …* Älteren Kindern kann man durchaus Folgendes sagen: *Mein Vater (meine Mutter) war nie mit mir zufrieden, darunter habe ich sehr gelitten. Später habe ich verstanden, dass dies keine wirkliche Bedeutung mehr für mich hat. Das Wichtigste ist heute für mich, dass ich mit mir zufrieden bin.* Anschließend ist es wichtig, dass die Eltern ihre Haltung dem Kind gegenüber korrigieren: Wenn es um das Wohl des Kindes geht, sollten Eltern ertragen, dass es seinen eigenen Weg gehen will, es will »gelassen werden«.

Das Kind als Partnerersatz

In meinem Buch *Wege aus der Abhängigkeit*[7] habe ich ausführlich das Schicksal von Menschen beschrieben, die als Kinder in die Rolle des Partnerersatzes gerieten. Nicht nur Alleinerziehende können in die Situation kommen, dass sie sich einsam und ungeliebt fühlen und den Mangel unbewusst dadurch ausgleichen, dass sie im eigenen Kind einen Ersatz suchen. Auch wenn der Partner ausfällt oder beispielsweise die Mutter das Kind für sich allein beansprucht, kann es geschehen, dass das Kind in diese Rolle gerät. Ohne dass die Eltern sich dessen bewusst sind, missbrauchen sie ihr Kind als Partnerersatz. Die Liebe und Zuneigung, die eigentlich ein Partner geben sollte, wird so vom Kind erwartet. Die für das Kind notwendige Ablösung von den Eltern wird in diesen Fällen extrem schwierig.

Leider betrifft diese Problematik nicht wenige Kinder. Diese Form des emotionalen Missbrauchs ist weit verbreitet und scheint zuzunehmen. Die Fähigkeit zu Selbstliebe und partnerschaftlicher Liebe ist bei vielen Erwachsenen nicht genügend ausgebildet. Daher werden viel zu oft Kinder in diese unheilvolle Rolle gedrängt.

Ein wesentlicher Schutz vor der zu starken Vereinnahmung eines Kindes ist immer eine lebendige, liebevolle Partnerschaft. Nur so werden auf gesunde Weise die Grundbedürfnisse nach Liebe und Zuneigung befriedigt. Das ist immer auch mit Arbeit verbunden, die Partner an sich selbst und an der Beziehung tun müssen. Verantwortung, Respekt, Toleranz, Begegnung auf Augenhöhe sind Tugenden, die gepflegt werden wollen. So wird Kindern vorgelebt, wie partnerschaftliche Liebe funktioniert.

Die Liebe zwischen einem Kind und seinen Eltern ist ein wesentliches Element, das zu einer gesunden psychischen Entwicklung des Kindes gehört und es glücklich sein lässt. Auch die Eltern sind beglückt, wenn sie die Zuneigung ihres Kindes spüren. So ist die Liebe ein wichtiger Dialog zwischen Eltern und Kind. Zentral dabei ist, dass das Kind in seiner Rolle als Kind bleiben darf. Wird es jedoch zum Partnerersatz, sind auf subtile Weise die Seiten vertauscht. Nicht die Mutter oder der Vater ist für das Kind zuständig, sondern das Kind für die Bedürfnisse der Mutter oder des Vaters. Aus dieser Konstellation entwickeln sich nicht selten lebenslange Abhängigkeiten. Vor allem lernen diese Kinder, dass sie nur dann wichtig und wertvoll sind, wenn sie sich um die Bedürfnisse anderer kümmern. Sie haben früh die Haltung entwickelt, sich für andere zu opfern. Die Entwicklung ihrer Persönlichkeit wird gehemmt. Vor allem wird das Sorgen für die eigenen Bedürfnisse behindert.

Vielfach sind diese Kinder viel zu früh Gesprächspartner für die Erwachsenenprobleme von Mutter oder Vater. So werden sie belastet mit Leid und Sorgen der Eltern, die sie verarbeiten müssen, obwohl ihnen die psychische Reife dafür fehlt. Angststörungen und depressive Erkrankungen haben nicht selten hier ihre Wurzeln.

Während die Probleme sich während der frühen Kindheit noch nicht so deutlich zeigen, werden die Belastungen mit zunehmendem Alter größer und offensichtlicher. Diese Kinder fühlen sich wie mit unsichtbaren

Gummibändern an einen Elternteil gefesselt und bleiben dies meist auf subtile Weise auch als Erwachsene. Es gibt nur eine scheinbare Unabhängigkeit, denn alles, was die enge Bindung gefährden könnte, wird verboten, verhindert und mit Hilfe von Manipulationen abgestellt: Ein Kind, das in die Partnerersatzrolle geraten ist, kann man als Elternteil kaum loslassen, denn wer gibt schon freiwillig den geliebten Partner her. So wird mit dem Erzeugen von Schuldgefühlen manipuliert, etwa: *Was habe ich nicht alles für dich getan? Wie kannst du mich so allein lassen? Für dich habe ich auf so vieles verzichtet! Wegen dir habe ich mir keinen neuen Partner gesucht!*

Schon früh wird diesen Kindern ein »Schuldgefühleknopf« eingepflanzt, auf den der Elternteil nur drücken muss, um ein angepasstes Verhalten zu erreichen. Auch im späteren Leben finden diese Menschen mit traumwandlerischer Sicherheit dann Nachfolger in der Person des Ehepartners, Vorgesetzten oder bei Freunden und Bekannten, die diesen »Schuldgfühleknopf« zu bedienen wissen.

Das Selbstwertgefühl der Betroffenen wird stark geschwächt. Sie fühlen sich weniger wertvoll und wichtig, da ja immer (wieder) die Probleme der anderen im Vordergrund stehen. Die typischen geheimen Programme, die entstehen, wenn das Kind als Partnerersatz missbraucht wird, und die sich umso stärker installieren, je älter die Kinder werden, lassen sich wie folgt beschreiben:

Meist sind diese Kinder willkommen, da sie eine wichtige Funktion für einen Elternteil übernehmen. Es wird aber das Programm *Ich genüge nicht* installiert, denn ein Kind kann den Partner nicht ersetzen und ist daher zwangsläufig zum Scheitern verurteilt. Es kann immer nur ein Notnagel sein. Unterschwellig wird es deshalb in verschiedenen Varianten die Botschaft *Du genügst nicht* hören. Es reicht nie, was das Kind auch tut, es bleibt eine latente Unzufriedenheit bei der Mutter oder dem Vater, die ihrerseits das Programm *Ich bin zu kurz gekommen* in sich tragen. Das Kind ist unfähig zu verstehen, dass ein falsches Spiel mit ihm getrieben wird. Es wird sich selbst die Schuld dafür geben, dass Mama oder Papa unzufrieden ist. *Ich bin zuständig für das Glück anderer* wird das Motto in seinem Leben sein.

Die Botschaft *Du genügst nicht* wird sich im Laufe der Zeit verstärken, nämlich dann, wenn eigene Wünsche und Bedürfnisse des älter werdenden Kindes in den Vordergrund treten. Die Mutter oder der Vater fühlt sich schnell vernachlässigt und reagiert entsprechend mit dem Erzeugen von Schuldgefühlen.

Eine unausgesprochene Botschaft lautet: *Fühle nicht, was du nicht fühlen sollst.* Alles, was die enge Beziehung zwischen dem Elternteil und dem Kind gefährden könnte, darf es nicht geben. Daher wird auf die Gefühle des Kindes Einfluss genommen. Vor allem sind Ärger und Wut über Mutter bzw. Vater unerwünscht. Weil es Unabhängigkeit nicht geben darf, wird die Persönlichkeitsentwicklung blockiert.

Ein weiteres destruktives Programm heißt: *Denke nicht.* Eigenständiges Denken gefährdet die enge Beziehung und ist somit gefährlich. Grundsätzlich werden nur Gedanken akzeptiert, die mit der Meinung der Mutter oder des Vaters übereinstimmen. Eine eigene Meinung zu haben, ist ein Teil persönlicher Unabhängigkeit, die es in einer abhängigen Beziehung nicht geben darf, und so werden eigene Denkprozesse des Kindes blockiert. Im späteren Leben haben diese Menschen es schwer, selbst Entscheidungen zu treffen. Sie glauben, immer nachfragen zu müssen, oder suchen Bestätigung für ihre Meinungen und Entscheidungen.

Eifersucht auf das eigene Kind

Ist ein Kind in der Rolle des Partnerersatzes, hat dies Auswirkungen auf die ganze Familie. So werden z. B. die Geschwister eifersüchtig, weil da jemand bevorzugt behandelt wird. Besonders befindet sich der andere Elternteil, der dieser engen Beziehung zwischen Partner und Kind gegenübersteht, in einer schwierigen Position. Die Eifersucht einer Mutter, die die viel zu enge Beziehung zwischen ihrem Ehemann und der eigenen Tochter beobachten muss, ist verständlich, spürt sie doch, dass sie die Nummer zwei ist, hinter ihrer Tochter. Oder da ist der Vater, der sehen muss, dass der eigene Sohn für seine Frau wichtiger ist als er selbst. Die Mutter würde sich immer für ihren Sohn entscheiden, nicht für den Partner.

Diese Konstellationen sind für ein Kind sehr gefährlich. Der eifersüchtige Vater, die eifersüchtige Mutter wird die Fehlentwicklung schmerzhaft wahrnehmen. Meist wird erkannt, dass die übergroße Nachgiebigkeit dem Kind gegenüber, die von dem Elternteil ausgeht, für den das Kind Partnerersatz ist, nachteilig für die kindliche Entwicklung ist. Gleichzeitig resultieren aus der entstandenen Konkurrenzsituation mit dem eigenen Kind häufig Abwertungen, etwa wenn der Vater seinen Sohn mit den Worten niedermacht: *Du hängst viel zu sehr am Rockzipfel deiner Mutter. Du bist ein Weichei, aus dir wird nie ein Mann. Du bist ein Verlierer,* oder wenn die Mutter ihre Tochter überdeutlich auf Fehler und

Schwächen hinweist. Die betroffenen Kinder entwickeln ein »gespaltenes« Elternbild, nach dem Motto: *Ich habe eine liebe Mutter, aber einen bösen Vater,* oder: *Ich habe einen lieben Vater, aber eine böse Mutter.*

Kinder brauchen für die gesunde Entwicklung ihres Selbstwertgefühls aber die unbedingte Wertschätzung beider Eltern. In den oben beschriebenen Fällen gibt es dies nicht. Diese Kinder fühlen sich von einem Elternteil eher abgelehnt, nicht selten sogar gehasst. Das Gefühl *Meine Mutter / mein Vater hasst mich* ist für das Selbstwertgefühl fatal, da es eine tiefe narzisstische Kränkung bedeutet.

Ein Junge will sich immer mit seinem Vater identifizieren können, ein Mädchen mit seiner Mutter, besonders in frühen Jahren, wenn sich das Selbstwertgefühl entwickelt. Erst während der Pubertät kommt es zur typischen Distanzierung von den Eltern.

Kinder, die in der Rolle des Partnerersatzes aufwachsen, tragen ein schweres Erbe, da sie zum einen unter den Folgen einer Symbiose mit einem Elternteil und den entsprechenden, damit einhergehenden negativen Programmen leiden und zum anderen zusätzlich den massiven Abwertungen des anderen Elternteils ausgesetzt sind. Davon bleibt das Selbstwertgefühl schwerlich unbelastet.

Wenn ein Kind als Partnerersatz missbraucht wird, ergibt die Selbstwertanalyse häufig folgendes Bild:

Typische geheime Programme

- Ich lebe für meine Mutter / für meinen Vater.
- Ich genüge nicht.
- Ich habe kein Recht auf meine Meinung.
- Ich habe kein Recht auf meinen Ärger.
- Ich bin für die Sorgen und Nöte von Papa oder Mama zuständig.
- Ich bin schuldig (wenn es Papa oder Mama nicht gut geht).
- Ich muss Kind bleiben.

Typische Gegenprogramme

- Anpassung,
- Arbeit, Leistung, Perfektionismus,
- Helfen,
- Trotz,
- Tagträume,
- Ich darf Mutter / Vater nicht bloßstellen oder kritisieren.
- Ich darf meiner Wahrnehmung nicht trauen.

Neue Programme

- Ich genüge immer.
- Ich nehme mich wichtig.
- Ich bin wertvoll.
- Ich habe ein Recht auf meine Meinung.
- Ich bin nicht zuständig.
- Ich bin gleichberechtigt.
- Ich brauche nichts zu tun, um geliebt zu werden.

Was Eltern tun können

Der erste Schritt ist Selbsterkenntnis. Nur wenn die psychische Dynamik verstanden wird, ist Veränderung möglich. In der Therapie habe ich Menschen kennengelernt, die sich als Kinder für einen emotional bedürftigen Elternteil aufgeopfert haben und sich dann wie eine heiße Kartoffel fallen gelassen fühlten, als ein neuer Partner bzw. eine neue Partnerin in das Leben der Mutter oder des Vaters trat. Hier gilt es zu verstehen, dass Kinder ihren Selbstwert natürlich auch darüber beziehen, dass sie für ihre Eltern wichtig sind und glauben, auf diese Weise Zuneigung erarbeiten zu können – eine Zuneigung, die sie dann sicher auch bekommen, unter der Bedingung, dass sie sich nicht zu weit vom jeweiligen Elternteil entfernen. Eine Veränderung dieser Dynamik muss daher kindgemäß und vorsichtig erfolgen.

Natürlich geht es darum, dass der Fokus des Elternteils sich stärker auch auf andere Personen konzentriert. In erster Linie ist hier ein aktiver Freundeskreis zu nennen, eventuell auch eine neue Partnerschaft. Aktivitäten und Hobbys sind ebenfalls gute Möglichkeiten der Umorientierung. Betroffene Eltern berichten nämlich häufig, dass sie das alles nicht interessiere, ihre Gedanken drehen sich fast ausschließlich um das Kind. Auch die Sinnfrage gilt es neu zu stellen: Der betroffene Elternteil kann sich fragen, welchen Sinn im Leben es für ihn geben kann, wenn nicht allein das Kind im Zentrum allen Denkens und Fühlens steht. Darüber hinaus ist es wichtig, sich mit dem Prozess des Eigenständigwerdens des Kindes zu beschäftigen, und sich klarzumachen, welchen Nachteile entstehen, wenn es nicht zu einer Veränderung der abhängigen Beziehung kommt.

Da es sich um das Urbedürfnis nach Liebe und Zuneigung handelt, ist eine Umorientierung meist nicht so einfach. Auch das Kind wird lernen müssen, mit neuen Freiheiten umzugehen. Da Schuldgefühle früh immer dann erzeugt wurden, wenn es um die Befriedigung seiner eigenen Bedürfnisse ging, bedarf es jetzt der Bestätigung, dass Abnabelung erlaubt ist. Eine psychotherapeutische Begleitung ist in vielen Fällen angezeigt, da sowohl auf der Seite des Kindes als auch des Elternteils große Ängste bewältigt werden müssen.

Eine wichtige Frage ist, wie es zu dem emotionalen Missbrauch kommen konnte. Meist waren Mütter oder Väter in ihrer Kindheit selbst Opfer und Partnerersatz. Häufig wird diese ungute Art der Beziehungsgestaltung an die nächste Generation weitervererbt. Erst in der Gegenwart gelingt es, den Teufelskreis zu durchbrechen und dieses negative Beziehungsmuster auch für die Zukunft zu überwinden. Letztlich muss der Abnabelungsprozess beiden dienen: Die Mutter oder der Vater gewinnt an partnerschaftlicher Beziehungsfähigkeit und entwickelt mehr eigene Interessen, und das Kind wird freier in der Persönlichkeitsentwicklung.

!

Ein bedeutendes verhängnisvolles Programm lautet: *Ich muss viel tun, um geliebt zu werden.* Oft zieht sich dieser Glaube wie ein roter Faden durchs Leben, besonders bei einer abhängigen Persönlichkeitsstruktur. Wenn ein Kind hiervon überzeugt ist, wird es die entsprechenden Verhaltensweisen wahrscheinlich sein Leben lang beibehalten. Mit traumwandlerischer Sicherheit werden Menschen gefunden, die dazu geeignet sind, dass sich das Drama wiederholt. Dafür kommen in erster Linie entsprechend narzisstische, überhebliche und selbstgerechte Partner in Frage. Hier gilt es wieder, viel »tun« zu müssen, und dann bekommt man selbst schließlich wenig oder gar nichts.

Grundsätzlich geht es hier dann darum, ein Programm zu installieren, welches lautet: *Du brauchst nichts zu tun, um geliebt zu werden.* Echte Liebe ist immer ein Geschenk!

Viele dieser Kinder, die sich in der Partnerersatzrolle befinden, stehen in einer symbiotischen Beziehung zu einem Elternteil. Kinder als Partnerersatz entwickeln jedoch eher abhängige Persönlichkeitsmerkmale, Kinder in einer symbiotischen Beziehung dagegen zusätzlich narzisstische Persönlichkeitsmerkmale.

Das Kind in der Symbiose

In die Beziehungsfalle der Symbiose geraten oft Eltern, die es besonders gut und richtig machen wollen.

Im Folgenden schildere ich eine Szene, die ich zufällig in einem Restaurant beobachtet habe. Schauspiele dieser Art kann jeder täglich erleben.

> Eine Mutter, ein Vater und ein ca. dreijähriger Junge nehmen an einem Nachbartisch Platz. Da das Kind nicht sitzen bleiben will, wird auf einem Tablet ein Computerspiel gestartet. Die Eltern geben die Bestellung auf, für den Jungen einen großen Teller mit Reis. Nachdem das Kind ca. drei Löffel davon gegessen hat, wird es sichtlich unruhig. Nahrung, die ihm die Eltern von ihrem Teller anbieten, wird kategorisch zurückgewiesen. Vielmehr beginnt der Junge, den Reis mit dem Löffel auf die Erde zu schaufeln. Der Vater reagiert entsetzt und will dies unterbinden, indem er die Hand des Jungen festhält und den Teller zurückschieben will. Dafür wird er von der Mutter scharf kritisiert. Im Anschluss redet diese nun freundlich auf den Jungen ein, er möge sein Tun doch einstellen, jedoch ohne Erfolg: Jetzt landet noch mehr Reis auf dem Boden. Der Vater zieht sich resigniert aus dem Geschehen zurück, während die Mutter weiter versucht, Kontakt zu ihrem Kind herzustellen. Dies gelingt ihr jedoch in keiner Weise. Der Blick des Jungen schweift durch das Restaurant, ob auch alle zuschauen. Nachdem fast der gesamte Reis am Boden liegt, fliegt der Löffel in hohem Bogen durch die Luft. Unmissverständlich macht das Kind klar, dass es keine Lust darauf hat, sitzen zu bleiben. Auch das Computerspiel auf dem Tablet interessiert nicht mehr. Die Mutter sieht sich gezwungen, das Restaurant mit dem Jungen zu verlassen. Der Vater bleibt sitzen und wartet auf die Rechnung.

Mit hoher Wahrscheinlichkeit ist dieses Kind zwar gesund, aber durch eine falsche Haltung gestört: Die Eltern des Jungen sind sich offensichtlich nicht einig: Die Mutter glaubt, mit ihren Bitten und »vernünftigen« Argumenten den notwendigen Einfluss zu gewinnen. Sie versucht, ihr Kind wie einen kleinen Erwachsenen zu behandeln, und lässt nicht zu, dass der Vater notwendige Grenzen setzt. Die Folgen für die Persönlichkeitsentwicklung sind schwerwiegend. Bei vielen Kindern, die so behandelt werden, bleibt eine lebenslange Störung in Bezug auf die Anpassung an Notwendigkeiten zurück.

Wenn Eltern versuchen, möglichst alle Bedürfnisse ihres Kindes zu befriedigen, werden früh falsche Signale vermittelt. Nach der Devise *Ich bin ausschließlich für dich da* geraten andere Bedürfnisse aus dem Blick. Es muss davon ausgegangen werden, dass die Mutter im Beispiel sehr häufig an ihre emotionalen Grenzen stößt, da ihr Kind in seinen Forderungen und in seinem Eigensinn immer maßloser agiert. Dies wird dann oft als Willensstärke missverstanden. Auf der Strecke bleiben immer mehr die legitimen Bedürfnisse der Mutter. Doch Eltern, die nicht auch mit ihrer Person, mit ihrem Willen und mit ihrer Meinung präsent sind, vermitteln dem Kind zu wenig Sicherheit. Auf der Suche nach einer Grenze wird es immer maßloser in seinen Ansprüchen.

Die Eltern werden zunehmend den Eindruck bekommen, dass sich ihr Kind nicht oder nur schwer leiten lässt. Hinweisen und Anleitungen folgt es meistens nicht. Dies bedeutet für die Eltern Stress, der zu einer Überforderung führen muss. Aber auch das Kind ist überfordert, da es ständig immer neue Machtkämpfe suchen muss, um vor Angst und Unsicherheit zu flüchten.

Die Kunst besteht darin, in liebevoller Konsequenz, deutlich Grenzen zu setzen, damit sich beim Kind innere Strukturen bilden, die Sicherheit vermitteln und der Angst entgegenwirken. Die elterlichen Bedürfnisse sollen auch dem Kind gegenüber deutlich gemacht werden. Ein Nein ist oft notwendig, und wenn es nicht einer Willkür entspringt, bedeutet es echte Fürsorge. In einer symbiotischen Beziehung zwischen Eltern und Kind liegt die Aufmerksamkeit dagegen fast ausschließlich auf der Befriedigung der kindlichen Bedürfnisse.

Symbiose meint, dass aus zwei eins werden. Die Bindung zwischen einem Elternteil und dem Kind ist extrem eng. Meist ist es die Mutter, die zu Sohn oder Tochter ein symbiotisches Beziehungsmuster unterhält. Aber auch Väter können in diese Beziehungsfalle geraten. Die daraus resultierenden Folgen sind in ihrer dramatischen Wirkung kaum zu überschätzen.

Ein Säugling braucht diese enge Bindung an die Mutter, da er ihre körperliche Nähe benötigt, um sich sicher zu fühlen. Der Abnabelungsprozess beginnt bald nach der Geburt. Besonders deutlich wird dieses am Ende des ersten Lebensjahrs, wenn das Kind fortkrabbelt und aus der

Ferne die Reaktionen der Mutter beobachtet. Es krabbelt zurück und entfernt sich wieder. Allmählich lernt es, Mutter und Vater als eigenständige Personen zu begreifen und zu akzeptieren, dass sie nicht alle kindlichen Wünsche erfüllen. Frustrationen gehören zum natürlichen Alltag. Eltern, die versuchen, jegliche Härten vom Kind fernzuhalten, realisieren nicht, dass sie dadurch dessen Lebenstüchtigkeit nicht stärken, sondern behindern. Kinder wollen optimal frustriert werden, nicht zu viel und nicht zu wenig. Das richtige Maß zu finden, ist die Kunst.

Wenn ein Kind in der Symbiose z. B. mit der Mutter bleibt, wird ein wesentlicher Reifungsschritt nicht oder nur unzureichend vollzogen. Das Kind entwickelt sich nicht altersentsprechend selbstständig, vielmehr ist es darauf angewiesen, dass vieles von anderen erledigt wird, was es längst selbst tun könnte. Die Folge ist, dass es nicht lernt, sich anzustrengen. Es verweigert unliebsame Tätigkeiten wie das Aufräumen des Zimmers, Helfen im Haushalt, Erledigen der Hausaufgaben usw. Es beginnt ein permanenter Machtkampf zwischen Kind und Erwachsenem. Aus der Perspektive der inneren Welt des Kindes wird das Recht, auf der frühen Entwicklungsstufe der Symbiose verweilen zu dürfen, verteidigt, so, als ginge es um Leben oder Tod. Hier gilt es zu verstehen, dass dem Kind nichts anderes zur Verfügung steht. Es fehlt ihm die psychische Reife, Pflichten wahrzunehmen. Dies käme der Vertreibung aus dem Paradies gleich, und jegliche Sicherheit wäre verloren: die Sicherheit, dass andere da sind, die die Dinge für einen erledigen.

Die Machtkämpfe sind anstrengend und münden immer wieder in der Resignation der Erziehenden. Letztlich räumt die Mutter oder ein anderer das Zimmer auf. Die existentielle Frage ist, wer wen dominiert.

In einer symbiotischen Beziehung sind die Eltern extrem mit dem Kind identifiziert. Auffällig ist, dass es permanent aus der Verantwortung genommen wird. Wenn es beispielsweise zu einem groben Fehlverhalten kommt, sind immer andere schuld: *Das Kind war zu dem Zeitpunkt überfordert. Es war müde. Es wurde negativ beeinflusst, zu Unsinn verführt. Es wird häufig ungerecht behandelt. Die Anforderungen waren zu hoch. Es hat es immer schwer. Es kann sich nicht steuern. Es hat es nicht wissen können …*

Bildlich gesprochen haben Eltern in der Symbiose ein Verhältnis zu ihrem Kind wie zu einem eigenen Körperteil. Sie sind mit ihm zu einer Einheit verschmolzen, und jeder Angriff auf ihr Kind wird wie ein Angriff auf die eigene Person wahrgenommen. Wird das Kind kritisiert, kränkt dies den eigenen Narzissmus. Es kann nicht sein, dass das Kind

Fehler macht, reflexartig wird es in Schutz genommen und verteidigt, auch weil man Angst und Sorge vor übertriebener, unangemessener und grober Bestrafung des Kindes hat und dem zuvorkommen will. Der betreffende Elternteil (selbstverständlich befinden sich mitunter auch die Großeltern oder andere in solch einer Symbiose) glaubt, alles richtig zu machen, nach dem Motto: *Genau so muss es sein. Ich bin der Anwalt meines Kindes, weil es sonst niemanden hat. Was andere sagen, interessiert mich nicht.* Natürlich sind Eltern auch Anwalt ihres Kindes, dies muss auch unbedingt so sein, Fehlverhalten sollte allerdings als solches erkannt und das Verantwortungsgefühl des Kindes geschult werden: Es ist wichtig, zu Fehlern zu stehen und sich um Wiedergutmachung zu bemühen. Nur so kann sich eine realistische und selbstbewusste Persönlichkeit entwickeln.

Bei Kindern, die in einer symbiotischen Beziehungsfalle stecken, ist häufig ein Mangel an Energie zu beobachten, einhergehend mit Selbstvernachlässigung. Die eigenen Möglichkeiten werden nicht ausgeschöpft. Wieder stehen die Eltern (bzw. ein Elternteil) dem Kind auf verkehrte Weise zur Seite, wenn sie beispielsweise meinen, dass die überragende Intelligenz schon alles richten wird, oder weil sie »wissen«, dass das Kind könnte, wenn es nur wollte. Aber Tatsache bleibt, dass alles, was mit Anstrengung und Unannehmlichkeiten verbunden ist, nicht ausgeführt wird. Verpflichtungen wird oft nicht nachgekommen, etwa das pünktliche Wahrnehmen von Terminen oder das Erledigen von Aufgaben. In der Schule und später im Beruf muss es unweigerlich zu Schwierigkeiten kommen.

Diese Fehlentwicklungen haben frühe Wurzeln. Mit Hilfe der Selbstwertanalyse sind die typischen negativen geheimen Programme leicht zu erkennen:

Das Selbstwertgefühl der betroffenen Kinder ist extrem schlecht, auch wenn sie nach außen großartig wirken. Es gibt nichts, was zufriedenstellt, und wieder ist das Gefühl, nicht satt zu werden, dominant. Insbesondere hat sich das Programm *Ich bin zu kurz gekommen* etabliert. Dem Kind in der Symbiose ist es nur schwer möglich, auf natürliche Weise ruhig und zufrieden zu werden. Automatisch wird der Blick dahin gelenkt, wo etwas fehlt, wo andere etwas haben, was man selbst nicht besitzt. Unzufriedenheit, die sich mitunter in Aggressionen entlädt, sind die Folge. In übertragenem Sinne sind diese Kinder tatsächlich zu kurz gekommen. Ihnen wurde früh zu wenig Sicherheit vermittelt, etwa indem man ihnen die nötigen »Leitplanken« in Form von Grenzen gegeben hätte.

Wenn ein Kind sich ab und zu nicht angemessen verhält, ist dies etwas, das zu einer normalen Entwicklung dazugehört. Ein Kind, das nie aus dem Rahmen fällt, ist überangepasst und auf diese Weise gehemmt. Ein Kind, das ständig provoziert, Anweisungen nicht nachkommt, eventuell genau das Gegenteil vom Verlangten tun muss, findet in sich selbst keinen wirklichen Halt, keine wirkliche Sicherheit.

Ein weiteres geheimes Programm lautet: *Ich bin wichtig, ich brauche ständig Aufmerksamkeit.* Dieses Programm führt dazu, dass Kinder häufig provozieren, indem sie z. B. in der Schule während des Unterrichts durch die Klasse rennen, laut dazwischenreden, mit Gegenständen werfen usw. Erzieherinnen, Lehrer und Eltern reagieren mit Schimpfen und Zurechtweisungen, wobei diese Interventionen keinerlei Wirkung zeigen. Das Ziel, im Mittelpunkt der Aufmerksamkeit zu stehen, wurde erreicht. Denn auch wenn diese Zuwendung negativ ist, hat sie einen Effekt: Da es immer auch um Unabhängigkeit geht, wird so demonstriert, dass man sich nichts sagen lässt, man ist stark und überlegen. In schweren Fällen lautet die Diagnose: *Nicht schulfähig für eine Regelschule.* Werden diese Kinder in einem üblichen Klassenverband belassen, führt dies dazu, dass das Lernklima für alle Schülerinnen und Schüler stark gestört wird bzw. dass Lernen mitunter nahezu unmöglich wird.

Die ständige Kritik, die diese Kinder hören, wird zwar ignoriert, aber trotzdem wahrgenommen. Letztlich fühlen sie sich abgewertet und unzureichend. Im Hintergrund agiert in ausgeprägter Form das geheime Programm *Ich genüge nicht.* Dies jedoch treibt sie nur weiter an, sich in Szene zu setzen und mit dem unangepassten Verhalten fortzufahren. Immer wieder kommt es zu Kollusionen mit der Realität. Dies ist verbunden mit einer tiefen Resignation, da sich letztlich keine Lösung auftut. Echte Erfolge aufgrund von Anstrengung und Leistung bleiben aus, und so werden weiterhin *Gegenprogramme* aktiviert.

Das geheime Programm *Ich will (muss) Kind bleiben* ist dominant und fest installiert; in der Folge wird keine Verantwortung für das eigene Tun und Lassen übernommen. Kommt es etwa zu Leistungsvergleichen, ist als unweigerliche Konsequenz Misserfolg zu verzeichnen, denn das Kind hat z. B. vor Klassenarbeiten nicht gelernt. Oft wird eine zwiespältige Botschaft der Eltern vermittelt: *Du bist eigentlich völlig okay, denn für dein Fehlverhalten sind widrige Umstände verantwortlich (falsche Lehrer, unrichtige Einschätzungen usw.).* Die grundsätzliche Haltung *Ich bin okay, die anderen sind nicht okay* führt zu einer übertrieben unrealistischen Selbstsicherheit, im schlimmsten Fall zu einer narzisstischen Persönlichkeitsstörung.

Ein überhöhtes Selbstwertgefühl – die Entwicklung einer narzisstischen Persönlichkeitsstörung

Immer häufiger ist besonders bei Jungen schon vor und während der Pubertät ein überhöhtes Selbstwertgefühl zu beobachten. In einem gewissen Rahmen ist dies während der Pubertät normal und weicht mit zunehmendem Alter einer realistischeren Einschätzung. Ist das Selbstwertgefühl jedoch chronisch überhöht und unrealistisch, muss von einer tieferen Selbstwertstörung ausgegangen werden. Je stärker Realität und Anspruch auseinanderklaffen, desto größer der Mangel an innerer Stabilität. Vor der eigentlichen Gewissheit, nie genügen zu können, rettet man sich in eine Scheinwelt. Man tut so »als ob« und entwickelt ein falsches Selbst. Dabei ist den Betroffenen die Tragweite dieses Selbstbetrugs nicht bewusst. Ihr Verhalten ist ichsynton, d. h. sie sind fest davon überzeugt, dass sie so in Ordnung sind und so sein müssen.

Die Flucht nach vorne in ein überhöhtes Selbstwertgefühl ist als ein *Gegenprogramm* zu erkennen. Dies zu verlassen, ist extrem schwierig, da in diesem Fall die wahre Verzweiflung spürbar würde. Darum wird die Überheblichkeit mit allen Mitteln gepflegt und verteidigt.

Bei einer narzisstischen Überhöhung des eigenen Selbst steht man über den Dingen. Lehrer, Vorgesetzte, Autoritätspersonen werden nicht ernst genommen, weil sie sowieso nichts zu sagen haben. In der Realität wird es vor dem Hintergrund der Leistungsverweigerung jedoch immer wieder zu Misserfolgen kommen müssen, die wiederum narzisstisch verarbeitet werden, nach dem Motto: *Die anderen sind schuld.* Hinter einer grandiosen Fassade steckt ein brüchiges Selbst, das gepaart ist mit einer tiefen Unzufriedenheit. Es reicht nie, was immer man auch bekommt.

Die Botschaft, die durch die Eltern vermittelt wurde, lautet: *Du musst etwas Besonderes sein.* Eltern, die alles für ihr Kind getan haben, erwarten, dass es erfolgreich ist, egal mit welchen Mitteln. Lügen, sich durchmogeln, andere übervorteilen und ausnutzen, betrügen und hintergehen sind für diese Kinder dann legitime Verhaltensweisen, sofern es ihrem Ziel dient. Ihr Gewissen ist unzureichend entwickelt und das Fehlen von echten Schuldgefühlen ist zu beklagen. Kritik wird nicht ertragen, da sie wie eine Vernichtung der Persönlichkeit erlebt wird. Der Glaube, dass immer andere an persönlichen Niederlagen schuld sind, ist unerschütterlich.

Letztlich führen die geheimen Programme zu einer permanenten Wut auf sich selbst. Man hat etwa keine Freude an der eigenen Leistung. Da vieles als unangenehm und anstrengend erlebt wird, findet oft ein Rückzug nach innen statt, etwa in die Scheinwelt der Computerspiele, so dass es leicht zu einer wirklichen Suchterkrankung kommen kann.

Wie Beziehung funktioniert, wird in der Familie gelernt. Darum wird es im zukünftigen Leben dieser Kinder vorwiegend symbiotische Beziehungen geben, mit allen Nachteilen, die dies hat. Bis ins Erwachsenenalter hinein bleibt eine tiefe emotionale Abhängigkeit bestehen, besonders von dem Elternteil, mit dem das Kind in einer Symbiose gestanden hat.

Bei einem Kind in symbiotischer Beziehung zu einem Elternteil bzw. zu den Eltern ergibt die Selbstwertanalyse häufig folgendes Bild:

Typische geheime Programme

- Ich muss etwas Besonderes sein (weil Papa und/oder Mama dies von mir erwarten).
- Ich genüge nicht (weil ich den Erwartungen nicht gerecht werde).
- Ich bin nicht satt geworden (weil alles, was man mir gibt, mich nicht zufrieden macht).
- Ich will Kind bleiben (weil ich mir nicht vorstellen kann, wie das geht, erwachsen zu werden).
- Ich bin ein Verlierer (weil alle gegen mich sind und mich benachteiligen).

Typische Gegenprogramme

- Flucht in die Überhöhung des Selbstwertgefühls,
- Machtspiele,
- andere abwerten, mobben,
- Leistungsverweigerung,
- andere für die eigenen Bedürfnisse einspannen,
- andere für die eigenen Fehler verantwortlich erklären,
- häufiges Tagträumen,
- exzessiver Konsum von Computerspielen,
- früher Konsum von Alkohol und Drogen bis hin zur Abhängigkeit.

Neue Programme

- Ich bin etwas Besonderes (weil jeder Mensch etwas Besonderes ist und dafür gar nichts zu tun braucht).

- Ich genüge immer (weil ich mich beispielsweise um eine realistische Selbsteinschätzung bemühe und auf Gegenprogramme verzichte).
- In mir ist alles, was ich brauche (denn nur aus meinem eigenen Inneren kann Zufriedenheit kommen).
- Ich will erwachsen werden (indem ich beispielsweise zu meinen Fehlern stehe und lerne, Kritik konstruktiv zu nutzen).
- Ich bin gleichwertig (ich sehe und begegne anderen auf Augenhöhe, habe keine überhöhten Erwartungen und benachteilige sie nicht).
- Ich bin ein Gewinner (weil ich nicht mehr kämpfen muss und meine Aufgaben erledige).

Die Auflösung der Problematik ist schwierig. Im Volksmund existiert der Satz: *Was Hänschen nicht lernt, lernt Hans nimmermehr.* In dieser Absolutheit gilt die Aussage selbstverständlich nicht, allerdings lassen sich viele Fehlentwicklungen nur schwer und nur mit hohem Einsatz korrigieren. Ohne psychotherapeutische Unterstützung von Eltern und Kind ist eine Veränderung nur schwer möglich. In aller Regel reicht es nicht, nur das Kind zu behandeln.

Je früher es zu einer Korrektur der schweren Beziehungsstörung kommt, desto einfacher ist die Auflösung der Problematik. Entscheidend ist, dass die Eltern sich über die psychologischen Hintergründe aufklären und verstehen, dass sie unabsichtlich in eine Falle geraten sind. Sie sind nicht schuldig, auch wenn sie sich möglicherweise schuldig fühlen. Sie müssten für eine Zusammenarbeit, etwa mit einer Erziehungsberatungsstelle, gewonnen werden. Dabei ist immer zu berücksichtigen, dass sie es grundsätzlich gut mit ihrem Kind meinten. Meist brauchen sie Unterstützung bei der Durchsetzung notwendiger Regeln, die, je älter das Kind ist, von ihm umso weniger akzeptiert werden.

Wieder stellt sich die Frage, wieso es zu einer symbiotischen Beziehung zum Kind kommen konnte? Welche inneren Schwierigkeiten und eigenen Defizite sind die eigentliche Ursache? Die Auseinandersetzung mit dieser schwierigen Problematik ist dann gelungen, wenn sie beiden Seiten hilft, Eltern und Kind.

Im späteren erwachsenen Leben kann nur »Selbsterziehung« helfen, denn niemand hat mehr das Recht zu sagen: *Du musst.* Jetzt hilft nur noch: *Ich will.*

! Die Zahl der jungen Erwachsenen, die sich völlig lebensuntüchtig fühlen, nimmt zu. Sie haben nicht gelernt, sich an Regeln zu halten, dem Tag eine Struktur zu geben und Ziele zu verfolgen. Sie sind emotional verwahrlost und unfähig, Konflikte zu lösen. Das große Problem ist ihre enorme Angst vor dem Leben, dem sie sich nicht gewachsen fühlen.

In den USA haben sich verschiedene Einrichtungen darauf spezialisiert, ihren Probanden mit Hilfe von Trainings einen disziplinierten Lebensstil zu vermitteln. Dies können sich bisher jedoch nur sehr wohlhabende Eltern leisten, da der Aufenthalt ca. 40.000 Dollar kostet.

Verwöhnung

! Einer der größten Nachteile der Überflussgesellschaft ist die Möglichkeit vieler Menschen, Kinder mit Spielzeug und Süßigkeiten zu überfüttern.

Verwöhnung ist ein verbreitetes Problem, das oft zusammen mit den oben beschriebenen schwierigen Beziehungskonstellationen auftritt. So geht z. B. die Partnerersatzrolle oder auch die Symbiose mit einem Elternteil oft gleichzeitig mit Verwöhnung des Kindes einher. Häufig gibt es jedoch auch völlig andere Gründe.

Verwöhnung ist für die Persönlichkeitsentwicklung viel schädlicher als allgemein angenommen. Wer ein Kind verwöhnt und versucht, ihm alle »Steine« aus dem Weg zu räumen, sollte wissen, welche Bürde er ihm damit sehr wahrscheinlich auferlegt. Verwöhnung ist eine Form der Vernachlässigung, da die notwendigen psychischen Mechanismen vom Kind nicht eingeübt werden.

Es kann zwei Extreme geben: völlig maßlose Verwöhnung auf der einen Seite und extreme Versagung, wo alles verboten wird, was Freude macht, auf der anderen. Es gibt Formen der Verwöhnung, die harmlos oder sogar sehr förderlich sind. Wenn die Familie z. B. am Wochenende einen Ausflug macht, spricht man davon, dass sie sich etwas gönnt und sich verwöhnt. Dies ist meist, wenn das Ereignis gelingt, ein die Gemeinschaft stärkendes und verbindendes Erlebnis. Wenn Kinder hin und wieder verwöhnt werden, ist dies nicht schädlich. Es ist normal, dass Kinder sich gern verwöhnen lassen. Wenn stetige Verwöhnung jedoch zu einer Grundhaltung wird, schadet dies der kindlichen Selbstwertentwicklung in aller Regel sehr, weil dem Kind auf diese Weise wesentliche Erfahrungen genommen werden, nämlich sich selbst etwas zuzutrauen oder auch zu lernen, Verzicht zu üben.

Verwöhnung ist immer dann schädlich, wenn es zentral um die Bedürfnisse der Erwachsenen geht, wenn sie beispielsweise versuchen, die Liebe eines Kindes mit der Verwöhnung zu kaufen. Es ist für viele ein angenehmes Gefühl, wenn ein Kind sich freut, wenn es sich dankbar und anhänglich zeigt. Manche Eltern sind selbst emotional bedürftig und verwöhnen dann unbewusst ihr Kind, um sich dessen Zuneigung zu sichern. Wie oben beschrieben, geschieht dies häufig im Rahmen von »Das Kind als Partnerersatz«.

Eine weitere schädliche Form der Verwöhnung findet immer dann statt, wenn Eltern Forderungen des Kindes nachgeben, damit sie ihre Ruhe haben, also »um des lieben Friedens willen«. Dies ist natürlich erst einmal bequem, aber auch hier müssen die langfristigen Auswirkungen beachtet werden. Dass Eltern auch einmal nachgeben, ist normal; elterliche Reaktionen sollten ja auch nicht nach einem starren Muster ablaufen, sondern der Situation angemessen sein. Entscheidend ist jedoch, dass Kinder lernen, sich mit einem Nein zu arrangieren. Hier ist es notwendig, dass beide Elternteile sich in ihrer Haltung einig sind. Wenn Kinder sie »spalten« können, ist dies für ihre Entwicklung schädlich. Leicht entstehen hier Zu- und Abneigung: liebe Mutter und strenger Vater oder umgekehrt.

Eine weitere Form von Verwöhnung liegt vor, wenn Eltern nicht anwesend sein können und ihr schlechtes Gewissen damit zu kompensieren versuchen, dass sie ihr Kind mit Geschenken, z. B. Spielzeug, verwöhnen. Tatsächlich wird so das geheime Programm *Ich bin zu kurz gekommen* unterstützt und verstärkt.

Verwöhnung hat bereits eine unheilvolle Spur gebahnt, wenn deutlich zu erkennen ist, dass es keine oder kaum Freude über Geschenke gibt. Das Kind neigt dazu, nie »satt« zu werden. Was man auch bekommt oder erreicht, es wird nicht genügen. So bleibt eine latente Unzufriedenheit. Der Blick richtet sich immer auf das, was man nicht hat, wo es anderen vielleicht besser geht.

Das verwöhnte Kind wird sich immer als Opfer sehen und lernt vor allem nicht, mit Kritik konstruktiv umzugehen. Kritisieren anderer sowie entsprechende Schuldzuweisungen stellen dagegen kein Problem dar. Narzissmus wird gefördert, das seelische Immunsystem ist geschwächt. Kreativität wird auf eine unheilvolle Weise gefördert, nämlich darin, möglichst ideenreiche Ausreden für persönliche Fehler und Versagen zu erfinden. Schon kleine Kinder lernen so, fest von der eigenen Unschuld überzeugt zu sein: *Ich bin dann okay, wenn ich mit meinen Argumenten durchkomme.*

Unschwer ist zu erkennen, dass es Menschen, die unter solchen Bedingungen aufwuchsen, später nicht gelingt, die Verantwortung für ihr Leben und ihre Beziehungen zu übernehmen. Zu Liebe gehört jedoch Verantwortung, auch bezüglich der eigenen Fehler und Schwächen. Die Begegnung auf Augenhöhe in Partnerbeziehungen ist nicht wahrscheinlich, sondern es überwiegt eine ansprüchliche, verwöhnte Haltung. Mal will man den Partner dominieren, um die eigenen Bedürfnisse durchzusetzen, ein anderes Mal geht es darum, sich in kindlicher Abhängigkeit versorgen zu lassen. Die Liebesfähigkeit ist eingeschränkt, entsprechende Beziehungen verlaufen unglücklich.

Eine solch unzufriedene Grundstimmung führt nicht selten zu depressiven Episoden. Die negative Energie im Körper führt zu düsteren Stimmungen, die der Betroffene nicht auflösen kann. Er hat die Kontrolle über seine negativen Gedanken und damit auch über seine Gefühle verloren.

Für Eltern ist es wichtig zu verstehen, dass Verwöhnung keine Antwort auf die zentrale Frage *Bin ich willkommen?* sein kann. Willkommensein bedeutet nicht, dass sich alle Wünsche erfüllen müssen. *Du magst mich nicht, weil du mir diese Puppe oder jenes Auto nicht kaufen willst,* lautet oft die Beschwerde von verwöhnten Kindern. Nicht selten ist jedoch das Gegenteil richtig und notwendig: *Weil ich dich liebe, werde ich darauf achten, dass du nicht verwöhnt wirst.* Was zählt, ist die innere Haltung der Eltern, die es wirklich und aufrichtig gut mit ihrem Kind meinen; dies wollen Kinder spüren. Nicht rücksichtslose, sondern liebevolle Konsequenz ist die notwendige Haltung.

Wenn ein Elternteil fehlt

Wenn ein Elternteil fehlt, ist entscheidend, warum dies so ist. Ist ein Elternteil z. B. verstorben, ist Trauerarbeit notwendig. Der Weg führt auch für ein Kind durch den Schmerz. Es braucht Trost und die Möglichkeit, immer wieder über den Schmerz zu sprechen, der voraussichtlich nicht so schnell überwunden ist. Trauerbewältigung dauert so lange, wie sie dauert. Jetzt braucht ein Kind jemanden, der zuhört, einfach nur da ist, der nichts korrigieren oder verändern will.

Jede Form, den Schmerz ausreden zu wollen, ist schädlich. Am Ende ist entscheidend, dass das Kind ein gutes Bild vom verstorbenen Vater oder der Mutter in sich trägt, dass da jemand ist, dem man sich in seinem Inneren zuwenden kann, der zuhört und mit dem man reden kann. Das Tragische will integriert werden, was bedeutet, dass auch ein Kind zu einem inneren Ja findet: *Obwohl Mama oder Papa tot ist, fühle ich mich von ihr / von ihm geliebt und unterstützt.* Wenn diese Trauerarbeit gelingt, kann es sein, dass das Selbstwertgefühl wenig tangiert wird. Es ist daher verkehrt, wenn dem Kind immer wieder suggeriert wird, dass es großen Mangel leidet, weil ein Elternteil fehlt. Solche Hinweise wirken wie Trancebotschaften, die das geheime Programm *Ich bin zu kurz gekommen* installieren. Der objektive schmerzhafte Nachteil, dass ein Elternteil fehlt, kann durch andere Familienmitglieder kompensiert werden.

Viel schwieriger als der Tod von Mutter oder Vater ist es für das Selbstwertgefühl meistens, wenn ein Elternteil sich der Verantwortung für sein Kind entzieht. Dann fühlt es sich zurückgewiesen und leidet unter der Kränkung. Ist nach einer Scheidung beispielsweise die Wut der Mutter auf den Partner groß, weil sie sich verlassen fühlt und jetzt als Alleinerziehende ein schwieriges Leben hat, dann werden entsprechende Schuldzuweisungen des einen Elternteils an den anderen die Seele des Kindes unweigerlich belasten. Unbewusst identifizieren sich Kinder immer mit beiden Eltern. Die Abwertung des Partners hat demzufolge immer auch Auswirkungen auf das Selbstbild des Kindes.

Kinder, die eine Scheidung der Eltern erleben müssen, bevor sie acht Jahre alt sind, leiden enorm. Fast immer fühlen sie sich schuldig daran, dass der Vater oder die Mutter die Familie verlässt. Sie glauben, dass sie mit zuständig waren, mehr hätten tun müssen, dass sie die Trennung oder Scheidung hätten verhindern können. *Ich hätte lieber sein müssen, oder ich hätte mehr für Papa oder Mama tun müssen …* Hier entsteht unweigerlich das geheime Programm *Ich genüge nicht.*

Während Kindheit und Jugend ist die Verletzung durch die Trennung der Eltern mitunter weniger sichtbar. Kinder versuchen immer auch dafür zu sorgen, dass es Mutter oder Vater gut geht. Sie verbergen vor ihnen daher oft den eigenen Schmerz, denn sie können schlecht ertragen, wenn die Eltern leiden müssen. So behaupten sie vielleicht, dass sie den fehlenden Elternteil gar nicht vermissen, was leider wenig wahr ist. Wenn diese Kinder älter werden, wird die wirkliche Kränkung sichtbarer und spürbarer.

In der Gestalttherapie gilt der Grundsatz, dass jeder Mensch danach strebt, heil zu werden. In dieser Therapie geht es darum, eine »Gestalt«, einen Kreis zu schließen. Ohne Vater, ohne Mutter aufgewachsen zu sein, verursacht eine Lücke, die die Betroffenen schließen wollen, etwa indem sie sich einen wesentlich älteren Partner suchen, der die Elternrolle übernehmen soll. Nicht immer müssen diese Beziehungen unglücklich verlaufen, oft bleibt jedoch das Erwachsenwerden auf der Strecke. Man erwartet beispielsweise, dass der Partner für die eigene Zufriedenheit zuständig ist. Man bleibt oder muss in der Kindrolle bleiben, damit die Beziehung in der Balance bleibt.

Wer sein Kind alleine erziehen muss (will), sollte sich über die besonderen Schwierigkeiten und Belastungen im Klaren sein. Fehlt ein Elternteil, sollte dies nicht verdrängt werden, etwa nach dem Motto: *Das fällt doch gar nicht auf,* oder: *Das ist nicht wichtig.* Auch getrennt lebende Eltern können dem Kind das unbedingte Gefühl vermitteln, dass es willkommen ist.

Immer wieder ist zu beobachten, dass es Menschen gelingt, in die Vater- oder Mutterrolle zu schlüpfen, auch wenn sie nicht die leiblichen Eltern sind. Kinder fühlen sich geborgen und akzeptiert bei ihnen. Alleinerziehende sollten daher versuchen, geeignete »Identifikationsfiguren« zu finden, mit denen ihr Kind Zeit verbringt. Entscheidend ist die Tiefe der emotionalen Bindung: *Ich hatte zwar keinen Vater, aber Karl war immer für mich da …* ist viel positiver als: *Ich hatte zwar einen Vater, aber er war nie für mich da.* Eine Mutter kann den Vater nie ersetzen, ebenso wie ein Vater die Mutter nicht ersetzen kann. Kinder wollen sich identifizieren können, mit einem gleichgeschlechtlichen, erwachsenen Gegenüber. Ein guter Freund, eine gute Freundin der Familie, Onkel oder Tante, Großvater oder Großmutter können ein Ersatz sein für einen fehlenden Elternteil.

Die wesentliche Frage bleibt jedoch, wie der Verlust verarbeitet wird. Trotz eines positiven Ausgleichs durch einen »Ersatzvater« oder eine »Ersatzmutter« kann das starke Gefühl bleiben, etwas Wesentliches zu vermissen. Das innere Programm lautet dann: *Ich bin nicht willkommen* oder *Ich bin zu kurz gekommen.* Wer dies bei seinem Kind beobachtet, sollte die Bedeutung der negativen Programme ernst nehmen. Auch in diesem Fall gilt für das Selbstwertgefühl nur das, was die Betroffenen selbst glauben. Hier geht es wieder um die Frage, wie der Glauben und das Fühlen verändert werden können. Älteren Kindern kann mit Hilfe der Selbstwertanalyse das Problem transparent gemacht werden.

Hier gilt die Regel, dass man die Bewältigung des Verlusts fast nie auf direkte Weise erreicht, etwa indem man dem Kind versichert: *Dass du keinen Vater (keine Mutter) hast, ist nicht wichtig.* Oder: *den/die brauchst du doch gar nicht …* Wesentlich angemessener ist, die Aufmerksamkeit des Kindes auf das zu lenken, was es hat, also die Bedeutung der Menschen, die es lieben, zu betonen: *Ich bin froh, dass du Karl/Ute/Oma, Onkel … hast. Ich weiß, wie sehr er/sie dich mag.* Hier geht es darum, das Grundgefühl, willkommen zu sein, zu stärken. Allerdings wäre es nicht gut, das Dasein und die Zuneigung der »Ersatzperson« auffällig oft zu betonen, weil dann der Eindruck von etwas Unechtem entstehen könnte. Von größter Bedeutung ist immer, dass Beziehungen echt und authentisch sind.

Wichtig erscheint mir die innere Haltung der alleinerziehenden Mutter oder des alleinerziehenden Vaters. Ist sie von der Angst dominiert, allein etwa als Person nicht zu genügen, wird dies unbewusst unweigerlich vom Kind aufgenommen und beeinflusst seine Psyche. Die Mutter oder der Vater, die bzw. der immer Schuldgefühle hat, wird gravierende Erziehungsfehler machen: etwa indem versucht wird, den Mangel mit materieller Verwöhnung auszugleichen oder jede erdenkliche Frustration oder Härte vom Kind fernzuhalten. Aus der mütterlichen bzw. väterlichen Überzeugung, nicht zu genügen, entsteht beim Kind unweigerlich das geheime Programm *Ich bin zu kurz gekommen,* egal was es bekommt und was man für es tut.

Kinder erfolgreicher Eltern

Eventuell ist es für Kinder erfolgreicher, vielleicht auch wohlhabender Eltern schwierig, ein unabhängiges Selbstwertgefühl zu entwickeln. Nur allzu leicht geraten sie in Verzweiflung, wenn sie immer wieder vergeblich versuchen, in die Fußstapfen der Eltern zu treten. Die inneren Programme dieser Menschen sind belastend, und es ist nicht verwunderlich, dass manche von ihnen im Leben scheitern. Viele erfolgreiche Eltern erwarten von ihrem Kind eine ähnliche Karriere, ohne zu reflektieren, ob die Bedingungen dafür stimmen. Für erfolgreiche Menschen war der Beginn ihres Werdegangs oft mit vielen Härten, Anstrengungen und Entbehrungen verbunden. Ihre Kinder wachsen jedoch in einer wesentlich komfortableren, bequemeren Umgebung auf. Eventuell haben sie nicht gelernt, sich für ein Fernziel anzustrengen, durchzuhalten, Ehrgeiz und Fleiß zu investieren. So wurden die psychischen Grundlagen, die für Lernerfolg und innere Zufriedenheit notwendig sind, nicht vermittelt. Nicht selten sind die Folgen von Verwöhnung die Ursache für eine unangemessene Selbstschonung. Man will sich nicht anstrengen und erwartet, dass der Erfolg von selbst kommt.

Wenn diese Kinder und Jugendlichen scheitern, wird dies nur verstanden, wenn man die geheimen Programme erkennt, die unweigerlich in die Verzweiflung führen. Wer glaubt: *Er/sie hat es doch so leicht gehabt, ihm/ihr wurden alle Möglichkeiten geboten,* hat die wirkliche Not nicht verstanden.

Die innere Gewissheit, dass man die Eltern nicht einholen oder gar überholen kann, führt eventuell zu dem Programm *Ich genüge nicht* und damit in die Resignation. Ein weiteres Programm heißt: *Ich bin ein Verlierer.* Wenn die Eltern sich von ihrem Kind enttäuscht fühlen und darauf mit subtilen Abwertungen reagieren, ist das für das Selbstwertgefühl des Kindes fatal. Eine starke Wirkung haben daher Sätze wie: *Ich hatte es viel schwerer als du. Als ich so alt war wie du, war ich schon … Wenn ich deine Chancen gehabt hätte … Wenn du bloß nicht so faul wärst, nimm dir doch ein Beispiel an XY …*

Vor dem Hintergrund, dass die Wertschätzung von Vater oder Mutter nicht zu erlangen ist, werden typische Gegenprogramme aktiviert: Tagträume; Provokation in Form von Leistungsverweigerung oder aggressivem, aufsässigem Verhalten; Glücksspiel; Computerspiele, bei denen man sich mit dem Helden identifizieren kann; sofortige Bedürfnisbefriedigung mit Hilfe von Essen, Alkohol und Drogenkonsum … Der Teufelskreis hat sich geschlossen, da das auffällige Verhalten fast meist nur neue Abwertungen und Selbstabwertungen zur Folge hat.

Das Selbstwertgefühl ist gestört und nicht so leicht zu korrigieren. Nicht selten entwickelt sich eine narzisstische Persönlichkeitsstruktur. Manchmal ist der Versuch zu erkennen, sich auf den »Lorbeeren« eines Elternteils auszuruhen: Wenn etwas schiefgeht, wird Vater oder Mutter es schon richten und das Problem mit finanziellen oder juristischen Mitteln aus der Welt schaffen. Diese Kinder haben nie gelernt, Verantwortung zu übernehmen. In den USA zittern große Konzerne vor den Eltern junger Mitarbeiter, weil sie bereit sind, die Firma mit Hilfe teurer Anwälte zu verklagen, falls sie tatsächlich oder vermeintlich gegen die Arbeitsschutzgesetze verstößt.

Kinder identifizieren sich fast immer mit den (hohen) Erwartungen der Eltern. Dies ist auch so, wenn sie Leistungen verweigern. Trotz bedeutet nämlich die Anpassung ans Gegenteil. Wie sehr die Kinder in ihrer eigenen Selbstliebe beschädigt werden, wird meist nicht wirklich realisiert. Die Flucht in Drogen und andere Scheinwelten verschärft ihre verzweifelte Situation auf dramatische Weise.

Die Angst der Eltern in der Leistungsgesellschaft

Das Streben nach Glück ist so alt wie die Menschheit. Die Konsumgesellschaft erfindet immer neue und bessere Produkte, um das Leben einfacher und interessanter zu machen. Jeder möchte teilhaben und ein möglichst großes Stück vom Kuchen abbekommen. Je schneller sich das Rad dreht und die Zusammenhänge in Wirtschaft und Politik immer undurchschaubarer werden, desto mehr wächst die Angst des Einzelnen, abgehängt zu werden. Die bange Frage der Eltern lautet: *Wie soll mein Kind den weiter steigenden Erwartungen gerecht werden?* So ist es kein Wunder, dass immer mehr Eltern versuchen, ihr Kind mit verstärkten Anstrengungen zu Höchstleistungen zu bringen. Viele Kinder und Jugendliche haben täglich acht, zehn und mehr Stunden Programm. Die Zahl derer, die an einem Burnout erkranken, steigt stetig. Dies wird zunehmend auch bei Kindern beobachtet: Fußballtraining, Ballett, Musikunterricht etc. fordern ihren Tribut. Oft stellt sich die Frage, wer diese Art der Freizeitgestaltung will: die Eltern oder das Kind? Die Leichtigkeit des Lebens geht verloren. Wer sich nicht ständig anstrengt und antreibt, muss ein schlechtes Gewissen haben. Das Grundgefühl, nicht zu genügen, ist eine Volkskrankheit in der Leistungsgesellschaft. Kinder werden früh mit diesem Virus, der Verdruss und schlechte Stimmung verursacht, infiziert. Wer sein Kind überfordert, vermittelt ihm unweigerlich, dass es nicht genügt.

Angst ist jedoch selten ein guter Begleiter. Unweigerlich, wie ein Gift, dringt die Sorge, nicht zu genügen, in die Seele vieler Menschen ein. Die Folgen für die emotionale Gesundheit unserer Gesellschaft sind gravierend. Vor allem wird die Lebensfreude beeinträchtigt. Angst wirkt deprimierend, wie eine schwere Last, und bei immer mehr Menschen kommt es zu depressiven Erkrankungen. Das typische Gegenprogramm heißt: Leistung, Streben nach Erfolg und Gewinn – immer in dem Glauben, dass so mehr Sicherheit hergestellt werden kann. Dies ist jedoch nicht wirklich der Fall, da absolute Sicherheit nicht herzustellen ist. Das Motto lautet dann: *Noch mehr Leistung, noch mehr Anstrengung …*

Grundsätzlich ist Leistung und Streben nach Erfolg nichts Negatives, im Gegenteil, es kann sehr erfüllend sein. Wenn jedoch die Angst, nicht zu genügen, die Triebfeder ist, kann es auf Dauer keine befriedigende Lösung geben. Auch mit der größten Anstrengung lässt die Angst sich nicht beseitigen. In vielen Fällen werden Druck, Stress, Selbstausbeutung und Überbelastung in Kauf genommen. Und trotz alldem bleibt am Ende das innere Programm *Ich genüge nicht*.

Unweigerlich erreicht dieses Gift auch die Kinder (die es ja eigentlich einmal besser haben sollen). Um eine optimale Förderung zu erhalten, haben Kinder auch nach der Schule noch viele Stunden Programm. Die Kindheit wird verplant, und für das freie Spielen bleibt immer weniger Zeit. So ist es wenig verwunderlich, dass die Stresssymptome mancher Kinder denen der Erwachsenen gleichen.

Sich diesem Konkurrenzdruck, diesem Wettkampf zu entziehen, ist nicht leicht. Wenn viele Menschen dieses Verhalten zeigen, scheint es wohl unbedingt notwendig und unverzichtbar zu sein.

Was fehlt, ist der Glaube, dass sich alles zum Guten wendet. Hier hilft die Arbeit mit den richtigen, neuen inneren Programmen, die ruhiger und gelassener werden lassen. Wichtiger als jede verkrampfte Förderung und aufgedrängte Nachhilfe ist die innere Sicherheit zu genügen. Ein starkes Selbstwertgefühl ist durch nichts zu ersetzen. Zeit für Spiel, Sport, Aktivitäten, die Freude machen, Kontakt zu Freunden und immer wieder auch für Nichtstun sorgen für den notwendigen Ausgleich.

Viele Erwachsene fühlen sich unwohl, wenn sie nicht aktiv sind oder mal nichts leisten. Sie können nicht ruhig sitzen bleiben. Sie haben in diesem Fall das Gefühl, nicht zu genügen oder wertlos und nutzlos zu sein – eine Haltung, die man ihnen mit größter Wahrscheinlichkeit bereits als Kind eingeimpft hat. Hier empfehle ich immer wieder Meditation als Entspannungsmethode. Auch Kinder können unter Anleitung einfache Meditationstechniken erlernen. Meditation ist keine verlorene Zeit, im Gegenteil, es ist eine Maßnahme, die den psychischen Apparat stärkt. Mit ihrer Hilfe kann ein guter Zustand erreicht werden: heitere Gelassenheit für Eltern und Kind.

Die Sorgen der Helikopter-Eltern

Immer häufiger zu beobachten sind überfürsorgliche Eltern, die ihr Kind ständig überwachen wollen. Man hat den Begriff »Helikopter-Eltern« geprägt, da diese Mütter und Väter immer über ihren Kindern kreisen und sie beschützen wollen. Auch sie können in einer Symbiose mit ihrem

Kind stecken. Zunächst möchte ich aber eine Lanze für diese Eltern brechen, erfahren sie doch meist Ironie, Spott und latente Abwertung. Die Sorge um ihr Kind hat nicht selten den Charakter einer Angststörung, die behandlungsbedürftig ist. Die natürliche Sorge für ihr Kind ist zu einer übertriebenen geworden.

Die Zahl der Kinder, die einer nahezu permanenten Überwachung ausgesetzt sind, indem beispielsweise über ihre Handys der Aufenthaltsort übermittelt wird, wächst ständig. In naher Zukunft wird es voraussichtlich Drohnen geben, die über den Kindern kreisen und ihren Eltern permanent Rückmeldungen geben. Dies wird vermutlich als Marktlücke erschlossen werden.

Die ständigen Sorgen und Ängste der betroffenen Eltern sind belastend für sie selbst, besonders aber für ihr Kind. Und auch die beste Kontrolle kann keine wirkliche Sicherheit herstellen: *Um wirkliche Sicherheit herzustellen, müsste ich noch mehr tun.* Vielfach werden Sorgen und Ängste durch mehr Kontrolle sogar stärker. Die Ängste führen zu grüblerischen Gedanken, wodurch immer neue und größere Gefahrenzonen aufgedeckt werden. Wer in diesen Teufelskreis geraten ist, findet nur schwer wieder hinaus. Mehr Überwachung bedeutet immer ein Mehr an Angst.

Im Glauben, das einzig Richtige zu tun, realisieren diese Eltern die enormen Nachteile ihres Handelns nicht. Unabsichtlich vermitteln sie unterschwellige Botschaften, die sich mit hoher Wahrscheinlichkeit nachteilig auf die seelische Entwicklung ihres Kindes auswirken, da sie zu negativen geheimen Programmen werden. Die gravierendste Botschaft lautet: *Das Leben ist gefährlich.* Es stimmt, dass das Leben gefährlich ist, da jederzeit etwas Schlimmes passieren kann. Aber in der ständigen Sorge darum werden die Ängste übertrieben und die Tatsache, dass Leben in vieler Hinsicht auch leicht, sicher und unbeschwert sein kann, tritt in den Hintergrund. Es fehlt das Vertrauen in die Welt. Die elterliche Botschaft wirkt eventuell weiter in das Erwachsenenleben hinein, als eine latente Verunsicherung, die das Leben belastet. Weiter oben wurde die Macht dieser unterschwelligen Trancebotschaften bereits beschrieben. Sie werden selten direkt ausgesprochen, sondern sind verborgen in Gesten, Haltungen und Verhaltensweisen, mitunter auch in Sätzen, die scheinbar keine Bedeutung haben und einfach nur so daher gesagt werden.

Eine weitere unterschwellige Botschaft lautet: *Allein schaffst du es nicht!* Hier werden Abhängigkeiten installiert. Das ständige Kontrolliertwerden ist zwar einerseits lästig, vermittelt aber auch das Gefühl von Sicherheit, da ja ständig jemand auf einen aufpasst. Kinder lernen eventuell nicht, sich altersgemäß selbst zu kontrollieren, und tendieren zu riskantem Verhalten. Dies wird von den Eltern wahrgenommen und verstärkt ihre Angst.

Die typische Reaktion von Kindern, die ständiger Kontrolle ausgesetzt sind, ist fast immer Trotz oder Anpassung:

- *Trotz* ist der Versuch, der elterlichen Kontrolle zu entkommen, indem jede Lücke der Aufmerksamkeit genutzt wird, um eigenen Zielen nachzugehen. Aus Trotz suchen schon kleine Kinder gefährliche Situationen und klettern beispielsweise besonders hoch hinaus. Helikopter-Eltern merken dies sofort und meinen, mit verstärkter Kontrolle wieder die Oberhand gewinnen zu können. Nicht selten entsteht ein Ping-Pong-Spiel zwischen den Eltern und dem Kind. Das Vertrauensverhältnis ist gestört, eine mehr oder weniger ausgeprägte Gegnerschaft ist die Folge. Die Enttäuschung ist auf beiden Seiten!
- *Anpassung* ist ähnlich schwierig, da es hier leicht zu einer Überanpassung kommt. Die Ängste der Mutter oder des Vaters werden übernommen, mit der Folge, dass sich eine abhängige Persönlichkeit entwickeln kann.

Da sich die Aufmerksamkeit von Vater und/oder Mutter fast ausschließlich um das Kind dreht, wird das geheime Programm *Alles dreht sich nur um mich!* installiert. Die Wahrscheinlichkeit, dass eine selbstbezogene, egoistische Persönlichkeit entsteht, ist groß.

!

Neben dem Begriff »Helikopter-Eltern« hat sich rasch ein neuer etabliert: Curling-Eltern. Jeder kennt diese Sportart, bei der ein glatter Stein über das Eis gleitet, um ein Ziel zu treffen. Vor seiner Bahn werden alle Unebenheiten weggeputzt, damit er unbehindert dort hingleitet, wo er hinsoll. Eltern, die ihrem Kind vergessene Pausenbrote, Turntaschen oder Hausaufgabenhefte und ähnliche Dinge in die Schule nachtragen, fördern, wenn es häufig geschieht und zu einem üblichen Ritual geworden ist, dessen Unselbstständigkeit und Abhängigkeit.

Für das Selbstwertgefühl zählt immer nur das Echte, also das, was jemand selbst erarbeitet hat. Eltern, die ihrem Kind das Leben vorbahnen, indem sie es mit Einsatz von Geld und Beziehungen in eine besondere Position bringen, realisieren meist nicht, welchen emotionalen Schaden sie fast immer damit anrichten.

Was Helikopter-Eltern tun können

Dieser Abschnitt ist allen Eltern gewidmet, die sich zu sehr um ihre Kinder sorgen. Sie leben meist in der völligen Überzeugung, dass dies richtig und notwendig ist, und glauben tatsächlich, dass sie nahezu jedes Unheil abwenden müssen. Dass dies zu Stress führen muss, ist unvermeidlich. Denn letztlich weiß jeder, dass dies unmöglich ist.

Zum Wesen des menschlichen Geistes gehört, dass wir ständig neue Gedanken produzieren. Jeder Gedanke verursacht, ob wir wollen oder nicht, ein Gefühl. Wer beispielsweise an eine unangenehme oder schwierige Situation denkt, die er erlebt hat, und sich die entsprechenden Bilder plastisch innerlich naheholt, wird ähnliche Gefühle wahrnehmen wie beim tatsächlichen Geschehen. Je intensiver er in der Vorstellung in das Ereignis eintaucht, desto deutlicher und stärker werden die Gefühle. Wer also schon mit seinem geistigen Auge alle möglichen Gefahren kommen sieht, muss sich nicht darüber wundern, dass sich Angst einstellt.

Der erste Schritt ist immer Selbsterkenntnis. Nur wer bereit ist, die Realität zu sehen und anzuerkennen, kann sich weiterentwickeln. Dies kann sich schwierig gestalten, da Eltern häufig davon ausgehen, alles richtig zu machen. Helikopter-Eltern glauben vor allem, dass sie so sein müssen, wie sie sind. Hinweise aus der sozialen Umgebung, dass man vielleicht zu ängstlich ist, sind unerwünscht, lästig oder machen ärgerlich, nicht nur, weil man sich bevormundet fühlt, sondern vielmehr, weil man die Ängste nicht in den Griff bekommt, weil alles von außen so besserwisserisch klingt. In die Erziehung will man sich nicht hineinreden lassen. Manchmal ist es allerdings besser, auf die Hinweise anderer zu achten. Nicht alle sind richtig, nicht alle sind falsch. Für die Orientierung ist der gesunde Menschenverstand zuständig. Wenn man erkennt, dass jemand im Recht ist, sollte man ihm auch Recht geben, zumal es ja insbesondere im Interesse des eigenen Kindes ist.

Die Schwierigkeit besteht besonders darin, dass es sich um Ängste handelt, die sich nicht so leicht wegwischen lassen. Der Wunsch, dass es dem eigenen Kind gut gehen soll, dass es keinen Schaden nehmen möge, ist ein verständliches Anliegen. Wie lassen sich Gefühle, in diesem Falle Ängste, beeinflussen? Wie machen das Menschen, die diese Ängste nicht haben? Zunächst gilt es zu erkennen, wie übersteigerte Ängste überhaupt entstehen. Grundsätzlich gibt es zwei Methoden, um zu unrealistischen Gefühlen zu gelangen:

1. Absolute Forderungen

Schon die Stoiker, griechische Philosophen in der Antike, wussten, dass man so fühlt, wie man denkt. Bestimmte Gedanken erzeugen Stress, da sie so absolut sind. Zum Beispiel: *Meinem Kind darf nichts Schlimmes passieren.* Der Wunsch, dass das eigene Kind unversehrt bleibt, ihm nichts zustößt, ist verständlich. Eventuell ist das betroffene Kind Einzelkind, vielleicht musste man lange auf es warten. So ist die Angst, es durch widrige Umstände zu verlieren, sehr verständlich. Man will sich dem Schicksal entgegenstellen, es selbst in die Hand nehmen und alles tun, was mögliches Unheil vermeidet … Wenn man diese Haltung jedoch genauer betrachtet, muss man zu der Einsicht kommen, dass es einfach nicht möglich ist, sich vor allem zu schützen. Im Gegenteil, die ständigen Ängste haben große Nachteile. Alles, was übertrieben wird, wirkt letztlich negativ. Jeder kennt das: Man will etwas unter allen Umständen vermeiden, aber dann geschieht genau das. Unterschwellig ist ja die Erwartung da, dass etwas passieren könnte, und so kann es sein, dass man sich unbewusst genauso verhält, dass das Erwartete oder Befürchtete tatsächlich entsteht – ganz im Sinne einer sich selbst erfüllenden Prophezeiung. Die starke Erwartung, dass etwas Schlimmes passieren könnte, ist insofern tatsächlich gefährlich, als dadurch dem Negativen Raum zur Entfaltung geboten wird.

2. Übertreibung der Gefahren

Es gibt Tausende Möglichkeiten, sich gefährliche Dinge vorzustellen. Die Ängste, die so entstehen, heißen »Erwartungsängste«. Die Katastrophe ist zwar noch nicht eingetreten, aber die Angst davor ist schon da. Manche Menschen neigen an dieser Stelle zu der Haltung: *Ich stelle mir lieber etwas Schlimmes vor, dann bin ich schon gewappnet, falls es tatsächlich so kommt. Und wenn es nicht so kommt, freue ich mich.* Ohne, dass sie sich dessen bewusst sind, reduzieren sie ihre Lebensfreude und Unbeschwertheit. Ob sie wollen oder nicht, wird dies in die Seele ihres Kindes eingehen. Im Glauben, etwas Wichtiges und Richtiges zu tun, findet in Wirklichkeit eine Form der Selbstkasteiung statt. Angst dominiert das Leben, und dieser Angst hat sich vieles unterzuordnen, so dass es zu Einschränkungen des Bewegungsspielraums kommt: Das, was anderen Kindern erlaubt ist, wird untersagt, weil es zu gefährlich erscheint.

Bei der Übertreibung der Gefahren finden Wörter Verwendung wie: unerträglich, unmöglich, furchtbar, entsetzlich, grauenvoll … Wenn Begebenheiten oder Zustände übertrieben dargestellt werden, bewirkt dies auch entsprechend starke Gefühle. Starke Wut- und Ärgergefühle sowie Ängste können so entstehen. Erst wenn die Betroffenen selbst beginnen, Übertreibungen und/oder absolute Forderungen zu erkennen, und wenn sie zu realistischeren Gedanken kommen, lassen sich auch die Gefühle beeinflussen. Manchmal hilft der Satz: *Ich verabschiede mich jetzt vom Drama (welches sich in mein Denken eingeschlichen hat).*

Sich der eigenen Machtlosigkeit bewusstwerden

Gottvertrauen ist zwar aus der Mode gekommen, es ist jedoch durchaus hilfreich. In der Antike hatten alle Menschen die Vorstellung, dass ihr Schicksal von übermächtigen Göttern gesteuert wird und jeder dieser göttlichen Vorsehung ausgeliefert ist. In gewisser Weise ist diese Einstellung nicht völlig falsch. Alle Menschen sind unausweichlich ihrem Schicksal ausgeliefert: Verlust, Krankheit, Tod sind Ereignisse, die sich durch nichts verhindern lassen. Selbstverständlich glauben die meisten nicht mehr an die Götter des Altertums, stattdessen glauben viele, ihr Schicksal alleine in der Hand halten zu müssen. Es ist und bleibt jedoch eine unrealistische Überzeugung, dass jeder sein Los selbst bestimmen kann. So versuchen viele Menschen, alles zu untersuchen, zu erforschen, zu kontrollieren und zu überwachen – eine Haltung, die sich auch verstärkt in einer kapitalistischen Gesellschaft breitmacht. Die Angst vor dem, was möglicherweise passieren könnte, muss hierdurch stärker werden. In vielen Lebenssituationen ist jeder Mensch machtlos. Diese Tatsache wird von den meisten nicht gerne akzeptiert, eventuell sogar ausgeblendet.

Es gilt für alle Eltern, dass sie auf viele Dinge im Leben ihrer Kinder keinen Einfluss haben. Vieles ist sogar Zufall: Welche Lehrerin oder welcher Lehrer hat entscheidenden Einfluss? Welche Freundschaften entwickeln sich, wenn das Kind älter wird? Welche Krankheiten bekommt das Kind? Gerade dann, wenn wir laut »Nein« schreien oder »Das soll/darf nicht sein!«, vergrößert sich das Problem. Natürlich ist es völlig normal, dass wir Leid und Unglück abwehren und nicht haben wollen, dennoch gehört es zum Leben dazu. Die Kunst besteht darin, auch zu den unangenehmen Dingen »Ja« zu sagen und sich mit den Dingen, die sich nicht ändern lassen, abzufinden. Je klarer und deutlicher wir unser Schicksal bejahen können, desto besser werden auch schwere Ereignisse zu bewältigen sein. Der Blick wird dann auf die Dinge gelenkt, die sich ändern lassen.

Helikopter-Eltern haben große Angst davor, die Kontrolle aus der Hand zu geben. Es kann natürlich nicht das Ziel sein, völlig angstfrei zu leben, noch auf Kontrolle gänzlich zu verzichten. Es geht vielmehr um ein realistisches Mittelmaß. Eine sanfte und wirkungsvolle Methode, Ängste zu besiegen, ist Meditation. Wer behauptet, für Meditation keine Zeit zu haben, sollte wissen, dass es nie verlorene Zeit ist, den eigenen Geist zu beruhigen. Manchmal gibt es nichts Wichtigeres.

Eine einfache, auf die Bedürfnisse des westlichen Menschen zugeschnittene Meditationsmethode ist *Alpha relaxing*.[8] Mit Hilfe einer Anleitungs-CD gelangen die Übenden leicht und schnell zu spürbaren Entspannungseffekten. Meditation ist die ideale Antwort auf den Stress unserer Zeit. Menschen, die regelmäßig meditieren, sind nachweislich ausgeglichener, weniger ängstlich und psychisch gesünder. Sie sind sensibler für die Vorgänge um sie herum und entwickeln so mehr Mitgefühl für ihre Mitmenschen. Sie ruhen mehr in sich selbst, gewinnen Sicherheit und Selbstliebe.

Meditation ist die ideale Ergänzung zur Installierung neuer Programme. Man nimmt diese mit hinein in die meditative Übung und gewinnt auf sanfte Weise eine Vertiefung im Hier und Jetzt.

Innere Unruhe

Das Problem der inneren Unruhe wird an dieser Stelle behandelt, weil dieses Symptom ein wichtiger Hinweis auf eine tieferliegende Störung ist und häufig von Eltern entwickelt wird, die in zu großer Abhängigkeit zu ihren Kindern stehen.

Innere Unruhe kann eine Folge körperlicher Prozesse sein. So ist sie fast immer Bestandteil eines Suchtmittelentzugs. Werden bei Suchtkranken Alkohol oder Medikamente abgesetzt, reagiert der Körper mit Entzugserscheinungen, z. B. quälender innerer Unruhe. Hormonelle Veränderungen können ebenfalls eine Ursache sein.

Häufig ist innere Unruhe jedoch die Begleiterscheinung einer Angststörung. Jedes psychische Symptom trägt eine Botschaft in sich und will darauf aufmerksam machen, dass etwas nicht in Ordnung ist. Es gilt daher, die innere Unruhe als Hinweis zu verstehen, dass es etwas zu verbessern gilt. Die Einnahme von Beruhigungsmitteln ist fast immer falsch. Die Gefahr, dass sich sehr schnell eine körperliche und psychische Abhängigkeit entwickelt, ist groß.[9] Die einzige Lösung besteht darin, die richtigen Schlüsse zu ziehen und das eigene Verhalten tatsächlich zu korrigieren.

Viele Eltern, die häufig Angst um ihre Kinder haben, entwickeln diese innere Unruhe, die nicht nur das Wohlbefinden stört, sondern in einen Teufelskreis münden kann, der nur schwer zu durchbrechen ist. In der Folge kann sich eventuell eine depressive Erkrankung entwickeln. Nicht oder nur wenig gefährdet sind Menschen, die zielorientiert handeln, die das Gefühl haben, Probleme lösen zu können, und die davon überzeugt sind, dass sich alles zum Guten wendet. Demgegenüber sind Menschen, die sich inkompetent, machtlos fühlen und sich mit schwierigen Tatsachen nicht abfinden können, viel stärker geneigt, innere Unruhezustände zu entwickeln. Sie grübeln ständig und entwickeln regelrechte Grübelzwänge, d. h. sie können mit dem Grübeln nicht aufhören. Dabei wird der seelische Apparat dauerndem Stress ausgesetzt. Man kann auch sagen, er wird überdreht. So wie bei Sisyphus, der immer wieder versucht, einen Stein den Berg hinaufzurollen, der doch immer wieder unten landet, wird das Problem nicht gelöst, weil es auf diese Weise nicht zu lösen ist.

Frau G. dachte nahezu ständig über die Probleme ihres Sohnes nach. Die innere Unruhe nahm ihr die Lebensfreude. Nicht über die Schwierigkeiten nachzudenken, erschien ihr wie ein Verrat an ihrem Sohn.

Wer über ein Problem nachdenkt und eine Lösung findet oder zumindest aktiv versucht, es zu lösen, sorgt dafür, dass seine gedankliche Energie zielgerichtet geleitet wird. Am Ende des Vorgangs hat sich der Einsatz gelohnt, meistens ist eine Erleichterung zu verspüren. Ein Ergebnis des Nachdenkens kann auch sein, dass es keine Lösung gibt, dass man sich mit etwas abfinden muss, was man nicht ändern kann.

Bei Frau G. ist etwas anderes zu beobachten. So sehr sie sich auch anstrengt, sie wird die Probleme ihres Sohnes nicht mit Grübeln lösen können. Mit etwas Abstand ist zu erkennen, dass sie etwas erreichen will, was nicht in ihrer Macht steht. Fatalerweise glaubt sie jedoch, dass sie sich noch stärker bemühen muss, mit »Nachdenken« eine Lösung zu finden. Grübeln ist jedoch ein untauglicher Problemlöser, der die Tendenz in sich trägt: Immer mehr vom selben.

Wenn man Menschen wie Frau G. fragt, wie viele Stunden am Tag sie an ihre Tochter bzw. ihren Sohn denken, dann lautet die Antwort: »Eigentlich fast immer. Wenn es keine Ablenkung gibt, viele Stunden am Tag und viele schlaflose Stunden während der Nacht.« Die Energie dreht sich hier im Kreis, sie findet kein wirkliches Ventil. Der Körper versucht auf andere Weise, die Energie abzubauen bzw. mit ihr fertigzuwerden. Er entwickelt etwa psychosomatische Symptome, wie Fingertremor (die Finger zittern), Kopfschmerzen (jetzt kann man nicht mehr denken) und eben diese innere Unruhe, die extrem unangenehm ist und Schlaflosigkeit begünstigt. Die Betroffenen liegen wach und grübeln – wie immer, ohne Ergebnis. Hier ist ein typischer Teufelskreis zu beobachten. Nicht selten entwickeln sich so depressive Symptome, die Lebensfreude schwindet, alles wird schwer erträglich …

Die Gedanken-Stopp-Methode kann hilfreich sein

Der erste Schritt besteht darin, die ständige Angst um das Kind als eine psychische Störung zu begreifen, die es zu behandeln gilt. Unbearbeitet wird sie mit großer Wahrscheinlichkeit immer belastender. Das Ziel ist, heranwachsende Kinder in die Unabhängigkeit zu entlassen.

Die Angst, die sorgenvollen Gedanken loszulassen, ist zunächst typisch: *Wenn ich nicht mehr über die Probleme meines Sohnes nachdenke, wird alles noch schlimmer …* Hier muss realistisches Denken helfen und die Bereitschaft gefördert werden, die quälenden Gedanken loszulassen, da sie zerstörerisch für die eigene Person sind, nicht helfen und nichts verändern.

Gefühle sind, wie weiter vorne beschrieben wurde, winzige bio-elektrische Impulse, die zu einer bestimmten »Chemie« im Körper führen. Und so wie wir denken, so fühlen wir auch. Unser Denken kann also die Chemie im Körper beeinflussen. Bei Grübelzwängen ist es notwendig, die Gedankenspiralen radikal zu beenden. Es ist einfach nicht möglich, nur ein wenig über die belastenden Inhalte nachzudenken, deshalb gilt es, jeden Gedanken daran radikal zu stoppen. Bei der Gedanken-Stopp-Methode sagt man sich selbst in bestimmendem Ton: »Stopp«! Wenn man allein ist, sagt man es laut und hebt dabei die Arme hoch. Danach ist es notwendig, die Gedanken auf andere Inhalte zu lenken, auf realistische Dinge wie: Welche Lebensmittel muss ich einkaufen gehen? Wen könnte ich anrufen, um mich zu verabreden? Welches Buch fesselt mich gerade? Die beste Methode, die Gedanken zu stoppen, ist Ablenkung. Ziel ist, gar nicht erst mit dem Grübeln zu beginnen, da sonst alles wieder von vorn beginnt. Welche Form der Ablenkung funktioniert, muss jeder für sich selbst herausfinden.

Weitere Möglichkeiten, die Chemie im Körper zu verändern, also andere Gefühle zu erzeugen, sind z. B.: kalt-warme Wechselduschen, auf eine Chilischote beißen, Sport treiben, laut lachen, meditieren …

> !
> Grübelzwänge weisen darauf hin, dass radikal etwas zu verändern ist.

Fragen, die man sich selbst stellen sollte, wenn man unter Grübelzwängen leidet:

- Womit will ich mich nicht abfinden?
- Was will ich festhalten, obwohl das nicht möglich ist?
- Was will ich ändern, obwohl es nicht in meiner Macht steht?
- Was will/kann ich nicht loslassen, obwohl ich es loslassen sollte?

Nur wenn es gelingt, zu einer realistischeren Überzeugung zu gelangen, können Grübelzwänge und innere Unruhe abgestellt werden. Die Kunst ist, nicht mehr mit dem Grübeln zu beginnen, da die Gedankenspiralen ansonsten wieder aktiviert werden.

> !
> Wichtig:
> Lenke den Fokus auf die Dinge, die du ändern kannst.
> Lerne zu akzeptieren, wo du nichts ändern kannst.
> Es gibt nur einen Menschen, den du verändern kannst, und das bist du selbst.

Die Entwicklung eines unabhängigen Selbstwertgefühls

Die meisten Menschen lassen sich viel zu sehr von der Meinung anderer beeinflussen. Sie sind schnell gekränkt, fühlen sich abgewertet, wenn sie Kritik hören oder feststellen müssen, dass andere sie nicht mögen oder schlecht über sie reden. Andererseits tun sie viel dafür, um bei ihren Mitmenschen gut dazustehen. Hier wird deutlich, dass sie ihr Selbstwertgefühl von der Meinung anderer abhängig machen.

Natürlich möchte jeder von den Menschen, die er liebt, anerkannt werden. Wenn es hier Kränkungen und Zurückweisungen gibt, ist das selbstverständlich schmerzhaft. Der Mensch ist ein soziales Wesen, und die totale Unabhängigkeit von anderen gibt es nicht. Aber es gibt die Möglichkeit, sich von der Meinung anderer auf konstruktive Weise unabhängig zu machen. Vor dem Hintergrund des neuen Programms *Ich genüge immer* geht es darum, der eigenen Meinung zu vertrauen. Nicht, was andere über mich denken, ist wichtig, sondern das, was ich über mich selbst denke. Ist jemand tatsächlich ein Idiot, Versager, Verlierer, Schwächling etc., nur weil jemand anderes das sagt? Ist man minderwertig, weil die Frisur nicht sitzt, die Schuhe alt und nicht neu sind, die Bluse nicht zum Rest der Kleidung passt? Menschen mit einem stabilen Selbstwertgefühl schauen auf das Wesentliche und darauf, was wirklich wichtig ist.

Naturgemäß reagieren Kinder abhängiger von der Meinung anderer. Ihre Persönlichkeit ist noch nicht voll entwickelt, sie sind noch auf der Suche und brauchen Orientierung. Positive innere Programme können früh dahin führen, dass sie ihrem eigenen Urteil, der eigenen Meinung trauen. Auch hier ist die beste Empfehlung wieder, Kindern dies vorzuleben.

Der Umgang mit Lob

Richtig zu loben ist nicht einfach. Zunächst gilt es festzustellen, dass immer zwei Partner zu berücksichtigen sind: der, der lobt, und derjenige, der gelobt wird. Die erste Frage lautet: Ist das Lob ernst gemeint? Es geht um die Wahrhaftigkeit des Lobenden. Nicht selten ist mit dem Lob eine Absicht verbunden. Mitunter ist Lob auch nur eine Floskel: *Du siehst toll aus (Wenn du wüsstest, wie billig dein Kleid aussieht ...)!* Wenn ein Vorgesetzter ein Lob ausspricht, ist damit vielleicht die Erwartung verbunden, dass die gleiche Arbeitsleistung weiterhin erbracht bzw. noch gesteigert wird. Wenn Eltern ihr Kind loben, transportieren sie mitunter gleichzeitig eine unterschwellige Botschaft, die so lautet: *Mach es noch besser, ich will stolz auf dich sein.* Oder: *Endlich machst du einmal etwas richtig!* Oder: *Eigentlich finde ich deine Leistung nicht so toll, aber ohne Lob wirst du dich ja noch weniger anstrengen.* Ein Lob kann also manipulativen Charakter haben. Der Gelobte fühlt sich dann durch solch ein Lob eher unter Druck gesetzt, nicht selten bleibt ein schaler Beigeschmack zurück. Nicht von ungefähr können viele Menschen nicht gut mit Lob umgehen. Dabei ist etwas Paradoxes zu beobachten: Zwar streben sie nach Anerkennung, wenn sie dann aber gelobt werden, wollen sie das Lob nicht haben.

Lob kann selbstverständlich auch konstruktiv und vor allem echt sein, etwa mit der Botschaft: *Ich freue mich mit dir.* Nur das echte und ehrliche Lob zählt wirklich. Aber selbst hier können Probleme auftauchen, zum Beispiel dann, wenn der Gelobte nicht glauben kann, dass er das Lob verdient hat, oder nicht glauben kann, dass das Lob echt ist, nach dem Motto: *Das sagst du nur so.* Und dann entsteht ein Dilemma.

Lerntheoretiker sind Wissenschaftler, die sich mit den Gesetzmäßigkeiten des Lernens beschäftigen. Danach gilt Lob in erster Linie als Verstärker. So wird in der Regel durch Lob ein erwünschtes Verhalten verstärkt, d. h. dieses Verhalten wird in Zukunft vermutlich öfter auftreten.

> Die achtjährige Lisa liebt es, von ihrem Vater ein Lob zu hören. Sie räumt ihr Zimmer auf und kann sicher sein, dafür die Aufmerksamkeit ihres Vaters zu gewinnen und gelobt zu werden. Als der Vater mehrere Tage auf Geschäftsreise war, blieb die gewohnte Anerkennung aus. Schlagartig veränderte sich Lisas Verhalten, die Ordnung in ihrem Zimmer vernachlässigte sie.

Bleiben Verstärker aus, wie in diesem Fall das Lob, kann es leicht geschehen, dass das erwünschte Verhalten ausbleibt, es wird »gelöscht«. Lerntheoretiker haben für solche Fälle eine Lösung parat: Demnach müssen Verstärker intermittierend gesetzt werden. »Intermittierend« bedeutet:

nicht immer, sondern in unregelmäßigen Abständen. Da Lisa nicht wissen kann, wann die Belohnung kommt, ist sie gezwungen, ihr Zimmer ständig in Ordnung zu halten. Bleibt das Lob zu lange aus, wird die Wahrscheinlichkeit größer, dass das erwünschte Verhalten gelöscht wird. Wird sie zu oft gelobt, wird das erwünschte Verhalten dann ausbleiben, wenn einmal kein Lob zu erwarten ist (wie das bei der Geschäftsreise von Lisas Vater der Fall war). Auch an diesem Beispiel lässt sich erkennen, dass im Lob etwas Manipulatives steckt.

Wer lobt, steht »oben« in der Hierarchie, so kann man grundsätzlich feststellen. Wer einen anderen Menschen lobt, stellt sich in gewisser Weise über ihn. Das Lob kommt sozusagen von »oben herab« – ein Grund, warum Lob manchmal zwiespältige Gefühle auslöst.

Kinder hören ein Lob für ihr Leben gern. Eine positive Entwicklung ohne Lob kann nicht gelingen, denn kleine Kinder brauchen viele Verstärker für richtiges, erwünschtes Verhalten. In der frühen Kindheit ist das Lob der Eltern die Richtschnur, woran Kinder sich orientieren können. Wenn sie älter werden, geht es besonders darum, die Eigenständigkeit und die eigene Meinung zu fördern. Werden Kinder zu sehr gelobt, werden sie eher in ihrer Eigenentwicklung behindert. Ständig gelobt werden, kann in regelrechten Psychoterror ausarten. Der, der ständig lobt, drückt damit unweigerlich aus, dass er seine Meinung und seinen Willen durchsetzen will.

Eine weitere nachteilige Auswirkung durch ein Zuviel an Lob ist die Förderung von Narzissmus, in diesem Fall von krankhaftem Narzissmus. Die betroffenen Kinder sehen sich dann selbst in einer unrealistischen Überhöhung. Egoismus und Arroganz werden begünstigt. Die Auswirkungen sind ähnlich wie bei Verwöhnung, wobei übertriebenes Loben fast immer Bestandteil von Verwöhnung ist.

Werden Kinder zu sehr idealisiert, werden sie unter immensen Druck gesetzt. Sie haben den hohen Erwartungen permanent zu genügen. Die versteckte Botschaft lautet: *Du musst noch besser werden.* Auf fatale Weise wird das geheime Programm *Ich genüge nicht* erzeugt oder begünstigt. Viele Eltern glauben, mit ständigem Loben und Unterstützen die Entwicklung ihres Kindes zu fördern. Sie sind dann enttäuscht, wenn der Erfolg ausbleibt, und suchen die Verantwortung und die Schuld bei ihrem Kind. Die eigentliche Frage lautet aber: *Wie sollen Kinder gelassener werden, wenn die Eltern es nicht sind?*

Glückliche Kinder mit einem stabilen Selbstwertgefühl tragen das Gefühl in sich, den Eltern und sich selbst zu genügen. Wie sehr es ein

Stachel in der Seele ist, den Eltern nicht zu genügen, wurde bereits oben ausführlich besprochen.

Wie kann die Eigenständigkeit gefördert werden?

Wie wir sehen konnten, führt Lob verstärkt in die Abhängigkeit von dem Lobenden. Millionen Menschen leiden darunter, auch noch als Erwachsene. Wer wichtige Impulse für die Entwicklung einer eigenständigen Persönlichkeit geben will, sollte sein eigenes Verhalten in Bezug auf Lob reflektieren. Wieder ist das eigene Vorbild von entscheidender Bedeutung.

> Leon hat ein Bild gemalt. Die Mutter ist begeistert und sagt: »Das hast du toll gemacht, das werden wir dem Papa zeigen.«

Das Lob kommt in diesem Fall sozusagen von oben. Ein kleiner, aber wichtiger Unterschied bestünde darin, wenn die Mutter lediglich ihre Meinung sagen würde, z. B.: *Mir gefällt dein Bild sehr* und in einem nächsten Schritt Leon die Gelegenheit geben würde, eine eigene Einschätzung seines Bildes vorzunehmen, indem sie fragt: *»Wie gefällt dir denn selbst dein Bild?«* Sehr wichtig ist dann, dass Leon seine Einschätzung ehrlich äußern darf. Beurteilt er sein Bild positiv, sind zwei Menschen derselben Meinung. Möglicherweise reagiert er aber auch überkritisch und sagt: *Mir gefällt das Bild nicht.* Eventuell lautet die Reaktion der Mutter nun: *Du darfst nicht so kritisch mit dir sein.* Für Leon wäre es jedoch sehr viel hilfreicher, wenn sie lediglich ihre Beobachtung zur Verfügung stellen würde: *Mir fällt auf, dass du sehr kritisch dir selbst gegenüber bist.* Mit ihrer Feststellung sagt die Mutter nicht, dass Leon nicht überkritisch sein darf. Sie äußert lediglich ihre Wahrnehmung und gibt ihrem Sohn so die Gelegenheit, seine Haltung zu überdenken.

Die Förderung von Eigenständigkeit kann nie auf direkte Weise gelingen. Ob Leon sein überkritisches Verhalten aufgeben kann, hängt davon ab, ob sein inneres Programm *Ich genüge nicht* ihn weiterhin belastet, denn dies ist die maßgebliche Ursache für seine Selbstkritik.

Kinder sollten lernen, sich selbst zu loben

Wer kennt ihn nicht, den Ausspruch: *Eigenlob stinkt!* Doch diese Aussage ist falsch! Nur wer seine eigene Leistung selbst würdigen kann, entwickelt ein unabhängiges Selbstwertgefühl. Kinder werden viel zu häufig kritisiert und entwickeln nur allzu oft und zu früh den »inneren Kritiker«, den es in vielen Erwachsenen gibt. Sie putzen sich selbst herunter und tendieren dazu, das Negative in den Vordergrund zu stellen. Selbst wenn alles perfekt gelaufen ist, gibt es für sie immer noch etwas zu kritisieren. Der innere Kritiker hält sich bei Erwachsenen deshalb so hartnäckig, weil er schon früh in der frühen Kindheit erworben wurde. Daher gilt:

> Wer seinem Kind ein starkes Selbstwertgefühl vermitteln will, sollte ihm daher dabei helfen, sich selbst zu loben. !

Allzu oft richten Erwachsene ihre Aufmerksamkeit auf das, wo Kindern etwas nicht gelingt. Das Umgekehrte ist aber viel angemessener, denn Kinder machen ja vieles richtig. Sie brauchen eher eine Anleitung dafür, wie man sich selbst lobt und bestätigt. Auch hier sind Eltern gefragt, die vormachen, wie man den »inneren Lober« einschaltet und nicht den »inneren Kritiker«.

Menschen sprechen unentwegt innerlich mit sich selbst, und die Art und Weise, wie sie dies tun, »färbt« auch ihre Stimmung. Wer negativ mit sich selbst spricht, sorgt unweigerlich dafür, dass seine Laune sich verschlechtert.

> So, wie wir denken, so fühlen wir auch. !

Es ist daher von großer Bedeutung, dass Kinder lernen, sich selbst positiv zu verstärken.

Kinder wollen das Grundgefühl haben: *Ich bin okay.* Doch nur allzu oft wird das Loben vergessen. Deshalb ist es durchaus sinnvoll, beispielsweise ein abendliches Ritual einzuführen, bei dem gemeinsam mit Mutter oder Vater besprochen wird, was an diesem Tag gut gelungen ist. Was war schön gewesen? Was hat geklappt, auch weil man sich angestrengt hat? Um sich zu belohnen und das Gelungene zu verstärken, kann man z. B. bunte Glasperlen sammeln, die jeweils für etwas stehen, was gelungen ist. Auf diese Weise wird die Aufmerksamkeit geschult. Für jedes Lob, das man sich selbst gegeben hat, wandert eine Perle beispielsweise in ein anderes Fach des Schulmäppchens. Das innere Programm *Ich genüge immer* kann durch diese kleine Übung verstärkt werden.

Der Umgang mit Kritik

Der richtige Umgang mit Kritik stärkt das Selbstwertgefühl. Jeder macht Fehler, niemand ist unfehlbar. Und dennoch haben viele Menschen Angst vor Kritik. Wenn sie kritisiert werden, erleben sie dies so, als würde gleich ihre gesamte Person in Frage gestellt. Also nicht: *Ich habe einen Fehler gemacht,* sondern: *Ich bin nicht in Ordnung, ich bin nichts mehr wert, ich kann meinen Job überhaupt nicht richtig machen.* So leiden sie extrem unter jeder Form von Kritik und versuchen alles dafür zu tun, Kritik zu vermeiden. Viele leben so in ständiger Angst. Unbeschwertheit, Lebensfreude und Leichtigkeit werden blockiert.

Die tiefere Ursache für diese massive Angst vor Kritik liegt im geheimen Programm *Ich genüge nicht.* Die alte Wunde, den Eltern nicht zu genügen, ist noch immer nicht verheilt; jegliche Kritik lässt sie im Hier und Jetzt schmerzhaft wieder aufbrechen. Für das Selbstwertgefühl spielt Zeit keine Rolle, denn sie heilt die Wunden der Kindheit nicht. Diese wollen verstanden und bearbeitet werden.

Kinder fürchten Kritik meist besonders dann, wenn sie bereits das geheime Programm *Ich genüge nicht* verinnerlicht haben. Sie versuchen in der Folge z. B., die schlechte Note zu verstecken, oder sie lügen, um sich vor Kritik, Abwertung, Strafe etc. zu schützen. Viele Kinder müssen erleben, dass sie fast permanent kritisiert und korrigiert werden. Ständig wird ihnen erklärt, dass etwas nicht richtig ist. Viele legen sich ein »dickes Fell« zu, so dass alle Anfechtungen von ihnen abzuprallen scheinen. Dieser Panzer soll ihr verletzliches Inneres schützen.

Ein angemessener Umgang mit Kritik ist eine Kunst, die auch von Kindern erlernt werden kann, geht es doch darum, berechtigte von unberechtigter Kritik zu unterscheiden und gegebenenfalls etwas zu verändern. Dazu bedarf es Mut. Kinder benötigen dabei Hilfe. Kritik ist ein wichtiges Element, das zur Entwicklung der Persönlichkeit beiträgt, und ist entsprechend wertzuschätzen. Es ist daher völlig falsch, Kinder möglichst von Kritik fernzuhalten. Kritik ist immer mehr oder weniger schmerzhaft, dies ist jedoch kein Grund, davor zu fliehen. Der Weg zum Ziel führt immer durch den Schmerz. Dem Kind dabei zu helfen, ihn zu bewältigen, kann für die Entwicklung des Selbstwertgefühls von entscheidender Bedeutung sein. Ein Mensch mit einem stabilen Selbstwertgefühl pflegt einen souveränen Umgang mit Kritik, in ihm bleibt das Programm *Ich genüge immer* trotz allem wirksam.

Wenn etwas zu kritisieren ist, darf eine diesbezügliche Aussage sich nur auf den einzelnen Vorgang beziehen. Im Hintergrund muss immer »durchschimmern«, dass das Kind selbst okay ist. Damit ein Kind mit sich selbst auch dann liebevoll umgehen kann, wenn es kritisiert wird, ist es wichtig, dass die Kritik liebevoll vermittelt wird, nur dann wird sie das Kind auch erreichen. *Ich sehe, dass du dich angestrengt hast, das ist die Hauptsache. Es kann eben nicht immer alles gelingen.* Noch erfolgreicher ist, wenn Kinder die unmittelbaren Konsequenzen ihres Verhaltens spüren; das ist dann Lernen durch Versuch und Irrtum.

Eltern sollten sich immer fragen, wie sie selbst erzogen wurden und auf welche Art und Weise sie mit Kritik konfrontiert wurden. Welche Abwertungen waren besonders schmerzhaft? Leider werden die eigenen Erfahrungen, auch die negativen, häufig zu hartnäckigen Lebensmustern: Unbewusst werden die eigenen Kinder genau so behandelt, wie man selbst behandelt wurde. Mitunter ist jedoch auch zu beobachten, dass jemand, der in der Kindheit immer verletzende und abwertende Beurteilungen hören musste, jetzt versucht, sein eigenes Kind vor jeder, auch berechtigter Kritik in Schutz zu nehmen. Unweigerlich lernen die betroffenen Kinder nur unzureichend den Umgang mit Kritik.

Wichtig ist, dass Eltern ihren Kindern vorleben, wie man richtig mit Kritik umgeht. Die beste Methode ist, offen über eigene Fehler und die Konsequenzen, die man daraus ziehen will, zu sprechen. Nur so sorgt man für ein stabiles Selbstwertgefühl, weil auf diese Weise vermittelt wird: *Auch ich mache nicht alles richtig und fühle mich trotzdem wertvoll.* Die richtige Haltung heißt hier: *Wenn es etwas zu kritisieren gibt, will ich das hören.* Kritik soll zur Weiterentwicklung beitragen, daher ist sie erwünscht. Wenn sie berechtigt ist, muss meist etwas verändert werden. Eine Flucht vor Kritik schadet dem Selbstwertgefühl. Wenn die Kritik unberechtigt ist und es lediglich um Verletzen geht, ist Gelassenheit gefragt. In diesem Fall ist ein starkes Selbstwertgefühl hilfreich.

Der Umgang mit Verantwortung

Die dreijährige Lina tritt einem fremden Fahrgast in der Straßenbahn gegen das Schienbein, erst vorsichtig, dann immer kräftiger. Der überraschte Mann schaut ihren Vater an und fragt nach kurzem Zögern, ob er nicht sehe, was Lina da mache? Der Vater meint nur, wenn ihn das störe, solle er sich doch wehren, er habe damit nichts zu tun, das sei eine Sache zwischen ihm und dem Kind.

Es mag ja sein, dass der ein oder andere es putzig findet, von Dreijährigen getreten zu werden, dies darf jedoch nicht blind vorausgesetzt werden. Zuständig für die Regeln sind immer die Eltern, was leider immer weniger selbstverständlich ist.

Immer wieder kann man Eltern beobachten, die ihre Kinder völlig unkritisch sehen. Schuld sind immer die anderen, z. B.:

- Der Lehrer ist schuld, wenn die Note schlecht ist. Die Erklärung des Unterrichtsstoffs war mangelhaft. Wahrscheinlich hat er etwas gegen mein Kind. Klar, dass er keine Kritik vertragen kann und seinen Frust jetzt an meinem Kind auslässt.
- Die Spielkameraden oder Freunde sind schuld, wenn es Streit gibt bzw. es meinem Kind schlecht geht.
- Die Nachbarn sind spießig und engstirnig, wenn sie sich über mein angeblich freches Kind beschweren.
- Schlechte Freunde haben mein Kind zum Drogenkonsum verführt.

Lehrerinnen und Lehrer können ein Lied davon singen, wie sie von Eltern bezichtigt werden, ihr Kind zu benachteiligen, völlig falsch einzuschätzen usw. Nie kommen diese Eltern auf die Idee, dass ihr Kind Anteile an einem Konflikt hat oder gar ursächlich dafür verantwortlich ist. Immer glauben sie den Ausreden ihres Kindes. Für die Persönlichkeitsentwicklung sind solche Eltern extrem nachteilig, denn ihr Verhalten fördert eine narzisstische, selbstbezogene, egoistische Haltung beim Kind.

Verantwortung

Der achtjährige Tom bekommt von der Mutter den Auftrag, den Tisch für das Mittagessen zu decken. Da die Aufgaben im Haushalt unter den Familienmitgliedern verteilt sind, weiß er, dass das Tischdecken zu seinen Aufgaben gehört, aber Tom hat keine Lust. So erklärt er, den Tisch nicht decken zu wollen.

Hier gibt es jetzt verschiedene Möglichkeiten zu reagieren:

1. Für die Mutter wäre es ein Leichtes, selbst den Tisch zu decken. Dies würde jedoch vermutlich zur Folge haben, dass Tom beim nächsten Mal wieder versucht, sich vor der Arbeit zu drücken.

2. Die Familie wartet mit dem Essen, bis Tom den Tisch gedeckt hat. Der Junge würde einen Machtkampf mit dem Rest der Familie führen. Alle sind sauer auf Tom, weil das Essen kalt wird. Wahrscheinlich würde er sich dem Druck bald beugen und seine Aufgabe erledigen. Das Ergebnis wäre, dass jeder von jedem enttäuscht ist: Tom, weil er zu etwas gezwungen wurde, die Eltern, weil Tom nicht tun wollte, worum man ihn bat.
3. Die Alternative zu dem Szenario, dass alle sauer sind und schimpfen, wäre zu verstehen, dass es sich hier um eine wichtige Möglichkeit für Tom handelt, etwas Entscheidendes zu lernen. Wenn alle der Meinung sind, dass man Regeln einhalten muss, damit eine Gemeinschaft funktioniert, geht es nicht darum, Tom zu demütigen oder abzuwerten. Es geht lediglich darum, dass er diese Lektion noch nicht verstanden hat. Manchmal bedarf es Geduld von allen Seiten, bis eine Regel als richtig verstanden wird, nie darf jedoch die Resignation siegen.

Es hilft also nicht der Machtkampf zwischen Elternteil und Kind weiter, sondern nur das liebevolle Verständnis dafür, dass ein wesentlicher Schritt in der Sozialisation noch zu vollziehen ist. Ein Machtkampf führt immer nur zu einem Oben und einem Unten, einer muss sich unterwerfen. Nicht selten sind es die Eltern, die versuchen, dem kindlichen Terror zu entkommen, indem sie nachgeben, mit der Konsequenz, dass es zu immer maßloseren Szenen kommen muss.

Es gilt, etwas Höheres, Übergeordnetes für alle als gültig zu erklären. Nicht nur die Kinder, auch die Eltern akzeptieren, dass die Regeln in der Familie für jeden gelten. Die Gemeinschaft ist wichtiger als der Einzelne. Der Egoismus des Einzelnen verursacht immer Leid. Wenn alle sich an die Regeln halten, wird es für Tom viel leichter sein, diese auch für sich als gültig zu akzeptieren.

Weniger Narzissmus macht zufriedener

> Neuere Untersuchungen haben die Dänen als eins der glücklichsten Völker der Erde ausgewiesen. Dänen wirken meist entspannt und gut gelaunt. Die Schere zwischen Arm und Reich geht nicht so stark auseinander, die Einkünfte eines Chefarztes sind nicht exorbitant höher als die einer Krankenschwester.

Wenn man versucht, der Frage auf den Grund zu gehen, warum Dänen glücklicher sind als die Menschen anderer Nationalitäten, sollte man sich die Konzepte in Kindergarten und Schule genauer anschauen. Schon früh wird den Kleinen beigebracht, dass die Gruppe von höherer Bedeutung ist als der Einzelne. Auch in der Schule spielt die Leistung der Gruppe eine entscheidende Rolle. Wer sich selbst besonders in den Mittelpunkt stellt, ist »out«. Anzugeben und mit den eigenen Leistungen zu prahlen, ist völlig verpönt. So wird dem Narzissmus des Einzelnen vorgebeugt. Man fühlt sich mit der Gruppe solidarisch, weil man spürt, dass jeder Bedeutung hat und erwünscht ist. Die Regel ist, dass jeder nach Kräften für die Ziele der Gruppe arbeitet. Auf diese Weise wird die Solidarität gefördert, so dass man sich auch in Notlagen nicht so allein, nicht so ausgeliefert fühlt, weil es ja zuverlässige Ansprechpartner gibt.

Selbstdisziplin und Selbststeuerung

Wenn man auf die Biografie erfolgreicher Menschen schaut, dann lässt sich unschwer erkennen, dass Selbstdisziplin immer eine wesentliche Rolle spielte. Es wird leicht deutlich, dass sie an ihre Aufgabe geglaubt und ihre Ziele mit Fleiß und Engagement verfolgt haben.

So wie jede Form von Übertreibung schädlich ist, kann auch ein Zuwenig an Selbstdisziplin Erfolge verhindern. Wenn es darum geht, auch kleineren Kindern Selbstdisziplin zu vermitteln, besteht die Kunst darin, das rechte Maß zu finden. Bei einer Aufgabe zu bleiben, auch wenn nicht sofort alles gelingt, fördert notwendige psychische Mechanismen, die im Leben eine wichtige Rolle spielen. Werden sie während der ersten Lebensjahre nicht eingeübt, lässt sich dies später nur schwer korrigieren. Hier wird eine wichtige Aufgabe der Familie erkennbar. Auch Großeltern können diese Aufgabe übernehmen. Häufig haben sie mehr Zeit und Ruhe, nicht selten bringen sie auch die nötige Geduld mit.

Der kanadische Psychologieprofessor Roy Baumeister von der Universität Tallahassee bezeichnet Selbstbeherrschung als ein wichtiges Ziel bei der Kindererziehung. Er hatte herausgefunden, dass diese Eigenschaft Erwachsene disziplinierter, unbeschwerter und erfolgreicher werden lässt. Dies macht deutlich, dass Kinder, die diese Eigenschaften nicht früh einüben, im Nachteil sind. Wiederum spielt das Vorbild der primären Bezugspersonen eine wichtige Rolle. Eltern, die vor dem Hintergrund eigener Überforderung leicht die Selbstbeherrschung verlieren, sind beispielsweise wenig gute Identifikationsmodelle.

Für die gesunde psychische Entwicklung eines Säuglings und eines Kleinkindes sind feste Regeln und Strukturen von großer Bedeutung. Nur so gelingt es, Sicherheit und Ruhe in die Tagesabläufe zu bringen.

Einige Mütter mit ihren einjährigen Kindern treffen sich zu einem gemütlichen Kaffeetrinken. Frau K. verlässt die Runde als Erste. Ihr ist es wichtig, ihr Kind zu einem festen Zeitpunkt zu Bett zu bringen. Frau B. bleibt lieber noch und nutzt die Gelegenheit, länger mit ihren Freundinnen zu reden.

Das Kind von Frau B. leidet unter massiven Schlafstörungen. Es schläft erst spät ein, wird nachts öfters wach und ist dann nur schwer zu beruhigen. Dies stresst die Familie enorm, da gravierender Schlafmangel Eltern auch psychisch belastet und teilweise überfordert. Fast immer hat Schlafmangel negative Folgen für Kinder. Sie sind unausgeglichener, bekommen ihre Gefühle nicht in den Griff, reagieren schnell weinerlich oder auch aggressiv.

Die Bedeutung von festen Regeln, Ritualen und einer festen, wiederkehrenden Tagesstruktur kann nicht hoch genug eingeschätzt werden. Sicher fällt es auch Frau K. nicht leicht, die fröhliche Runde frühzeitig zu verlassen. Sie richtet sich jedoch nach den berechtigten Bedürfnissen ihres Kindes. Infolge hat ihr Kind keine Schlafprobleme und zeigt sich auch insgesamt ruhiger und ausgeglichener. Die Funktion einer inneren Uhr wird dadurch eingeübt, dass möglichst immer die gleichen Schlafenszeiten eingehalten werden.

Frau B. gibt ihrem spontanen Bedürfnis, sich länger zu unterhalten, nach, zahlt dafür jedoch einen hohen Preis. Da sie auch ansonsten nicht für die notwendigen Strukturen sorgt, entwickelt ihr Kind Verhaltensauffälligkeiten, und die Belastung für die Familie ist wesentlich höher. Die Folge ist, dass Frau B. gestresster reagiert, was sich wieder auf ihr Kind auswirkt – ein Teufelskreis. In der fröhlichen Runde den stressigen Alltag zu vergessen, erscheint ihr wie eine einzigartige Gelegenheit, die man nicht verpassen darf.

Um eine gesunde Entwicklung zu gewährleisten, müssen die Eltern die Rolle übernehmen, die Richtlinien zu bestimmen. Eine natürliche Reaktion des Kindes ist, dies immer wieder in Frage zu stellen und zu versuchen, eigene Regeln durchzusetzen. Dies beginnt schon im ersten

Lebensjahr. Wenn das Kind die Erfahrung macht, dass es ihm gelingt, die Regeln selbst zu bestimmen, wird es seine Forderungen aufrechterhalten und diese mit zunehmendem Alter mit immer stärker werdender Vehemenz durchsetzen wollen. Die Folge ist, dass es zu einer Anpassungsstörung kommt. Das Kind glaubt, seine Unabhängigkeit ständig verteidigen zu müssen. Später ist es ihm beispielsweise nicht oder nur schwer möglich, sich in der Schule ruhig hinzusetzen und dem Unterricht konzentriert zu folgen.

Je klarer die Haltung der Erziehenden, desto einfacher ist es für das Kind. Schwierig ist also auch eine schwankende Haltung: mal streng, dann wieder nachgiebig. Dies fördert beim Kind immer das Bedürfnis zu testen, ob sich der Machtkampf mit Mutter oder Vater vielleicht doch lohnt. Da es hin und wieder Erfolg hat, wird sein Verhalten verstärkt und immer wieder neu gelernt (im Sinne der intermittierenden Verstärkung).

Eltern sollten das Ruder fest, aber liebevoll in der Hand halten. Sie entscheiden, wann die richtige Zeit zum Schlafengehen ist, wann es Mittagessen gibt, wann Süßigkeiten gegessen werden dürfen, wann und welche Fernsehsendung geschaut werden darf. Selbstverständlich dürfen Kinder mit zunehmendem Alter auch manches mit- oder selbst bestimmen. Maßgebend ist, dass auch hier die Eltern diejenigen sind, die entscheiden, wobei Kinder ein Mitspracherecht haben.

Ein weiterer wichtiger Fakt ist die Einigkeit der Eltern. Wenn Kinder die Möglichkeit haben, Eltern in ihrer Haltung gegeneinander auszuspielen, dann werden sie dies immer wieder tun. Durch eine Spaltung der Eltern werden dem Kind Tür und Tor geöffnet, um eigene Regeln und Bedürfnisse durchzusetzen.

> **!** Eine harte, autoritäre Erziehung führt in der Regel dazu, dass Heranwachsende früh versuchen, sich dem Einfluss der Eltern zu entziehen. Dies hat sich in Untersuchungen immer wieder gezeigt. Bei diesen Kindern und Jugendlichen fanden sich vergleichsweise häufig depressive Symptome und ein schwaches Selbstwertgefühl, weil sie oft Tadel, Zurechtweisungen und Abwertungen hören mussten oder auch immer wieder mit Gewalt zu rechnen hatten.

Sollte es zu einer Fehlentwicklung gekommen sein, dann ist es notwendig, die Ursachen und Quellen der Störung zu beheben. Wie kann es gelingen, dass die Eltern wieder die Maßstäbe setzen und die Leitung in der Erziehung übernehmen?

Eine selbstkritische Analyse der Beziehung zwischen Eltern und Kind ist notwendig. Es sollte verstanden werden, wieso die Zügel aus der Hand gegeben wurden. Mit Hilfe dieser Erkenntnisse kann ein Plan für ein neues Handeln im Hier und Jetzt entstehen. Dabei sollte die Haltung dem Kind gegenüber stets liebevoll bleiben. Das Motto lautet: Liebevolle Konsequenz. Möglicherweise glauben Eltern, die ihr Kind mit übergroßer Nachgiebigkeit verwöhnt haben, dass sie nun zu hart seien und zu wenig Mitgefühl für ihr Kind zeigten. Diese Problematik findet sich oft, wenn Eltern und Kind in einer Symbiose leben. Siehe dazu den Abschnitt »Das Kind in der Symbiose« im Kapitel »Schwierige Eltern-Kind-Beziehungen«.

Mit dem dritten Lebensjahr lernen Kinder zu gehorchen. Sie akzeptieren Regeln und können kindgemäße Anweisungen befolgen. Einem älteren Kind kann man auch erklären, dass es ein Fehler war, wenn es zu sehr »an der langen Leine« gelassen wurde, und dass es zur Gewährleistung einer guten Zukunft wichtig ist, auf die Einhaltung von Regeln zu achten. Sicher wird das Kind dies zunächst nicht akzeptieren wollen. Hier ist es notwendig, sich auf eine anstrengende Zeit einzustellen und sich gegebenenfalls bei Familien- und Erziehungsberatungsstellen bzw. Kinder- und Jugendpsychotherapeuten Unterstützung zu holen. Mit Ruhe und Geduld werden die notwendigen psychischen Mechanismen in der Erziehung eingeübt.

Trotz der Schwierigkeiten, die bei der Aneignung eines neuen Verhaltens auftreten können, sollten die drei Kernbotschaften stets dem Kind vermittelt werden:

- *Du bist unbedingt willkommen.*
  Daran gibt es überhaupt keinen Zweifel.
- *Du genügst immer.*
  Auch wenn im Moment noch nicht alles ohne Schwierigkeiten bewältigt wird, bist du okay. Du genügst auch mit deinen Fehlern und Schwächen. Erwartet wird lediglich, dass du dich bemühst.
- *In dir ist alles, was du brauchst.*
  Ich weiß, dass du das kannst, in dir sind diese Fähigkeiten vorhanden. (Es geht darum, neue Fähigkeiten zu installieren. Dies impliziert ein hohes Maß an Vertrauen in das Kind.)

Aufrichtigkeit

Wieder kann man davon ausgehen, dass Kinder mit dem »siebten Sinn« ausgerüstet sind: Sie spüren, ob ihre Eltern sich verantwortlich verhalten und ob sie die Wahrheit sagen oder diese nach eigenem Gutdünken auslegen, z. B. ob Eltern eine Krankheit vortäuschen, um nicht zur Arbeit gehen zu müssen, ob sie bei der Steuer schummeln, häufig negativ über andere reden oder Tatsachen verfälschen, um Fehler nicht zugeben zu müssen. Aufrichtigkeit funktioniert nur, wenn die Eltern selbst aufrichtig sind. Besonders der Umgang mit dem Kind sollte möglichst (perfekt ist niemand) ehrlich sein. Kinder nehmen es sehr übel, wenn sie belogen werden, in Folge verlieren Eltern ihre Vertrauenswürdigkeit, und die Kinder haben keinen Respekt mehr vor ihnen. Zudem lernen betroffene Kinder etwas Falsches. Eltern, die von ihren Kindern belogen werden, verstehen selten bzw. wollen häufig nicht zugeben, dass das Problem durch ihr eigenes Verhalten verursacht wurde.

Die Pubertät und das Selbstwertgefühl

Die Pubertät ist eine der wichtigsten Übergangsphasen im Leben eines jeden Menschen. Wer keine Pubertät gehabt hat, bleibt in der Regel zu angepasst. Leider kann es während dieser Phase auch zu Entgleisungen kommen, mit schwerwiegenden Folgen. Die Hormone spielen verrückt, und Eltern benötigen Nerven wie Drahtseile. Wenn die Eltern A sagen, muss die pubertierende Tochter B sagen, und wenn sie B sagen, muss der halbwüchsige Sohn A sagen. Es geht darum, Autonomie zu demonstrieren. Dafür, dass Jugendliche als Heranwachsende das Gegenteil von dem tun, was die Eltern erwarten, wollen sie auch noch gelobt werden; denn man zeigt ja, dass man erwachsen und unabhängig ist.

In dieser Phase sind Eltern für ihre Kinder durchgehend nur peinlich. Was sie sagen, wie sie sich kleiden, wie sie Kontakt zu den Freunden ihrer Kinder aufnehmen, alles ist peinlich. Gefragt ist dann die Gelassenheit der Eltern, die verstehen, dass es hier um die Strukturierung der inneren Programme geht. Eine Frage rückt besonders in den Focus: »*Genüge ich?*« Äußerlichkeiten werden überbewertet, etwa welche Markenkleidung gerade hip ist und was man keinesfalls tragen kann. Hier entsteht unter Jugendlichen mitunter ein regelrechter Psychoterror, insofern jeder »out« ist, der nicht mithalten kann.

Es ist zwar nicht möglich, sich dem Zeitgeist völlig zu entziehen, aber man darf sich darüber im Klaren sein, dass dies kranke Auswüchse einer überfütterten Konsumgesellschaft sind. Bestenfalls betrachtet man die

Dinge mit Gelassenheit und einem gewissen Schmunzeln als eine Phase, die vorübergeht.

Die zentrale Frage ist, wie man Kinder auf diese schwierige Zeit am besten vorbereitet. Je früher sie lernen, dass sie nur sich selbst genügen müssen, desto besser. Auch hier zählt besonders das Vorbild der Eltern. Weiterhin ist das Gespräch über die geheimen und über die neuen Programme von großem Wert. Jugendliche, die während der Pubertät eine gewisse Unabhängigkeit bezüglich ihres Selbstwertgefühls behalten können, haben eine gute Basis für ihre Zufriedenheit als Erwachsene.

Während der Pubertät soll der Übergang vom Kind zum Erwachsenen gelingen. Die hormonelle Umstellung führt nicht selten zu unüberlegten Handlungen, da die Fähigkeit zu antizipieren noch nicht genügend entwickelt ist. Damit ist gemeint, dass Jugendliche noch nicht genügend erkennen können, was es bedeutet, wenn man z. B. A und nicht B wählt und welche Folgen dies langfristig hat. Vorsichtig und mit dem nötigen Taktgefühl sollten Eltern beim Antizipieren, also beim Vorausschauen, helfen. Wichtig ist dabei, nicht zu sagen, was zu tun ist, sondern das Gefühl zu vermitteln, dass Wahlfreiheit besteht. Fehler müssen gemacht werden, sie gehören zur Pubertät, auch wenn dies für viele Eltern kaum akzeptabel zu sein scheint. Für Pubertierende ist das Ganze meist einfacher, wenn Eltern über ihre eigenen Fehler sprechen, die sie gemacht haben, als sie Dinge nicht genügend im Hinblick auf ihre Auswirkungen bedacht haben.

Gerade an den Lebensübergängen kann es leicht zu negativen Programmen kommen. *Wie sehe ich aus? Bekomme ich den Partner, den ich mir ersehne? Wie werde ich in der sozialen Gruppe akzeptiert?* Zurückweisungen können schmerzhaft sein und Krisen verursachen. Eine gute Vorbereitung auf diese schwierige Zeit ist daher wichtig.

Manche Kinder und Jugendliche leiden unter ihrem äußeren Erscheinungsbild und haben deshalb Minderwertigkeitsgefühle. *Ich bin zu klein, zu groß, zu dick, meine Nase ist krumm, meine Augenfarbe ist langweilig, ich hab abstehende Ohren …* Man schämt sich für den nicht perfekten Körper. Dabei ist Scham ein Gefühl, das man am liebsten verstecken will. Nicht nur das Unvollkommene will man verbergen, sondern auch die Schamgefühle, die hierdurch entstehen.

Wer nicht der Norm entspricht, wird von anderen Kindern und Jugendlichen eventuell gnadenlos abgewertet und gemobbt. Hier gilt es, einen psychischen Mechanismus zu verstehen, der für das Zusammenspiel von Menschen untereinander verantwortlich ist. Einfach ausgedrückt kann man sagen: *Selbstabwertung führt dazu, dass andere einen ebenfalls abwerten.* Menschen sind unbewusst miteinander verbunden und reagieren auch auf die innere Welt ihres Gegenübers. Wer sich selbst abwertet, strahlt, ob er will oder nicht, bestimmte Signale aus, die von anderen intuitiv wahrgenommen werden. Die Abwertung erfolgt dann seitens derjenigen, die selbst nur über ein schwaches Selbstwertgefühl verfügen, sie glauben dadurch größer und besser dazustehen. Diese Abwertung trifft bei ohnehin verunsicherten Menschen auf fruchtbaren Boden und verstärkt ihre Selbstabwertung.

Es gibt jedoch auch Kinder, die trotz ihrer körperlichen Abweichungen ein starkes Selbstwertgefühl haben (*Ich genüge immer).* Sie werten sich selbst nicht ab und sie sind immun, etwa gegen dumme Sprüche. Sie eignen sich nicht als Mobbingopfer, das wird von den anderen Kindern intuitiv wahrgenommen.

Dass Pubertierende sich an den Eltern reiben wollen, gehört zum Ritual des Erwachsenwerdens. Auch hier gilt, dass es keine Haltlosigkeit geben darf und dass Verantwortung übernommen werden muss, sofern es zu Grenzverletzungen gekommen ist. Die Haltung der Eltern lautet jetzt: *Ich vertraue dir! Du hast selbst die Verantwortung für dein Leben und für deine inneren Programme.* Der Einfluss der Eltern schmilzt allmählich, und je mehr man versucht, Einfluss zu nehmen, desto größer der Widerstand des Kindes.

Die Pubertät ist vorüber, wenn man in der Lage ist zu akzeptieren, wenn die Eltern im Recht sind. Jetzt können unterschiedliche Meinungen durchaus gleichwertig nebeneinanderstehen. Der Kampf um Unabhängigkeit ist überflüssig geworden, weil sich inzwischen eine selbstständige, erwachsene Persönlichkeit entwickelt hat. Bis dahin sind jedoch in der Regel einige Klippen zu umschiffen. Um extreme Gefühlsäußerungen zu vermeiden, ist Gelassenheit geboten. Diese geht verloren, wenn z. B. Übertreibungen im Spiel sind. Einige Beispiele:

- *Es ist unerträglich, wenn du so bist …*
  »Unerträglich« beinhaltet: Ich ertrage es nicht. Richtig ist: *Wir halten alles aus, oder wir sterben daran.* In aller Regel sterben wir nämlich nicht daran, also halten wir es aus. Der Begriff »unerträglich« wird unsere Ärgergefühle eher anheizen und so entsprechend übertriebene

Reaktionen provozieren. Es ist möglich, dass das, was wir erleben, sehr unangenehm ist. Der Satz *Das, was ich gerade erleben muss, stört mich sehr* oder *Das, was du machst, finde ich überhaupt nicht gut,* würde dies angemessen zum Ausdruck bringen.

- *Unmöglich, wie du aussiehst!*
  Doch, offensichtlich ist es möglich. Auch hier handelt es sich um eine Übertreibung und um eine unrealistische Behauptung. Das Gleiche gilt auch für folgende Aussagen:
- *Furchtbar, dass ich dich jeden Tag daran erinnern muss, dass du …*
- *Deine Mathearbeit ist eine Katastrophe!*
- *Entsetzlich, wie du deine Haare trägst!*

Hinweise auf eine Übertreibung sind meist Begriffe wie »entsetzlich, schrecklich, unmöglich, furchtbar, grauenvoll, katastrophal, verheerend …«. Gelassenheit ist hier meist nicht zu finden.

Eine weitere Irritation entsteht durch absolute Forderungen. Sie sind gekennzeichnet von Begriffen wie »Du musst, hast zu, sollst, darfst nicht …«. Sätze wie *Du sollst mir nicht widersprechen. Du musst an deine Pflichten denken. Du hast so etwas nicht zu sagen* enthalten absolute Forderungen. Ob diesen Forderungen entsprochen wird, steht jedoch keineswegs in der Macht desjenigen, der sie stellt. Elterliche Äußerungen sollten daher möglichst keine absoluten Forderungen enthalten.

Menschen in der Erzieherrolle werden von Kindern und Jugendlichen ernster genommen, wenn sie sachlich und realistisch bleiben. Übertreibungen werden eher überhört und grundsätzlich weniger ernst genommen. Eine gelassenere Haltung entsteht, wenn weitgehend auf Übertreibungen sowie auf absolute Forderungen verzichtet wird. Dies kann auch Kindern und Jugendlichen vermittelt werden, wenn es um die Bearbeitung von Konflikten geht. Auf diese Weise finden Heranwachsende zu mehr Selbstbeherrschung und Gelassenheit.

Übergangsphasen im Leben bergen auch Unsicherheiten und Hindernisse. Die größte Gefahr geht momentan von einer extrem gefährlichen Droge aus: Crystal Meth. Es ist völlig unverständlich, warum vergleichsweise wenig gegen diese sich rasch verbreitende Sucht unternommen wird. Bereits der einmalige Konsum führt nachweislich zu Hirnschäden und oft sofort in die krankhafte Abhängigkeit. Der mehrfache Konsum macht nahezu immer süchtig, was eine extrem negative Persönlichkeitsveränderung bedeutet, die mit Aggressivität sowie körperlichem und psychischem Siechtum einhergeht. Die Partydroge wird millionenfach konsumiert und unter Jugendlichen verharmlost. Crystal Meth ist weitaus gefährlicher als Alkohol und Cannabis, wobei Cannabis besonders dem jungen Gehirn durchaus schaden kann, da die Gefahr besteht, dass sich eine Psychose entwickelt. Viele Jugendliche sind wegen einer sogenannten drogeninduzierten Psychose dauerhaft in psychiatrischen Krankenhäusern untergebracht.

Bei Kindern und Jugendlichen steigt die Abhängigkeit von Computer- und Onlinespielen rasant an. Experten gehen davon aus, dass ca. 12 % der Jungen ein Suchtverhalten entwickelt haben, bei Mädchen liegt der Anteil bei etwa 3 %. Siehe dazu auch den Abschnitt über Abhängigkeit von Computerspielen bei Kindern und Jugendlichen im Anhang.

Kinder in die Unabhängigkeit entlassen

Lieben, ohne festzuhalten

Unabhängig zu werden, ist ein Prozess und beginnt schon bald nach der Geburt. Das Abstillen des Säuglings ist schon ein erster wichtiger Schritt in diese Richtung. Alleinbleibenkönnen in der Kita bedeutet ebenfalls eine Hürde, die die Autonomie des Kindes fordert. Mit sieben, acht Jahren geht es darum, kurze Zeiten ohne Beaufsichtigung zu bewältigen. Später folgen das selbstständige Bewegen im Straßenverkehr und der Umgang mit Taschengeld. Eigene Entscheidungen wollen getroffen werden, ohne dass die Eltern sagen, was zu tun ist. Die Persönlichkeit wächst allmählich zur Reife, die Weiterentwicklung hört nicht auf. Das Leben stellt jeden, solange er lebt, vor immer neue Herausforderungen.

Eltern haben die Aufgabe, im Leben ihrer Kinder immer weiter in den Hintergrund zu treten. Dies bedeutet nicht, keinen Kontakt mehr zu ihnen zu haben oder als Person an Wert zu verlieren. Aber Aussagen wie: *Du wirst immer mein Kind bleiben* oder *Eine Mutter (ein Vater) wird nie aufhören Mutter (Vater) zu sein* sind verdächtig.

Vor dem Hintergrund der heutigen gesellschaftlichen Bedingungen werden viele junge Erwachsene immer später unabhängig. Unbefristete Arbeitsverträge sind oft nicht leicht zu bekommen, so dass auch die Schaffung materieller Sicherheit, etwa für die Gründung einer eigenen Familie, immer länger dauert. Dies erschwert den Ablöseprozess und hält junge Erwachsene länger abhängig in ihrer Herkunftsfamilie.

Liebe und Abhängigkeit werden oft miteinander verwechselt

Liebe hat immer auch mit Abhängigkeit zu tun. Wird ein Mensch von jemandem verlassen, den er liebt, dann ist das schmerzhaft. Insofern macht sich jeder, der liebt, auch abhängig. Doch wie Erich Fromm sagte: »Die Liebe ist das Kind der Freiheit.« Man darf und will den anderen nicht besitzen. Dies ist die Leistung, die Eltern ihren heranwachsenden Kindern schuldig sind. Die Ablösung von ihren Kindern fällt vielen Eltern schwer, das ist völlig normal. Kinder bedeuten Sorge, Arbeit, mitunter Verzicht, aber vor allem auch immer wieder Glück und Freude. Kinder in ihr eigenes Erwachsenenleben zu entlassen, ist ein Prozess, der nicht immer ohne Komplikationen verläuft.

Liebe und Abhängigkeit sind Gefühle, die sehr häufig verwechselt werden. Empty-nest-Syndrom – das Symdrom des leeren Nestes – ist ein Begriff, der deutlich macht, wie leer es geworden ist in der Wohnung nach dem Auszug der Kinder, wie einsam und dass ein schmerzlicher Verlust stattgefunden hat. Eltern erfahren Sinn und Bedeutung, wenn es darum geht, für ihr Kind zu sorgen. Dies nicht mehr zu müssen, ist für viele der Verlust von Sinnhaftigkeit, eigenem Wert und Einfluss. Am einfachsten erscheint es, die Sorge für das Kind fortzuführen und sich möglichst unentbehrlich zu machen. Die Frage ist jedoch, ob dies für beide Seiten gut ist! Hier gilt es zu unterscheiden, ob das erwachsene Kind nicht loslässt oder ob die Eltern nicht loslassen wollen bzw. können. Letztlich sind jedoch immer beide Seiten beteiligt.

Trauerarbeit der Eltern

Trauer ist der Preis für Liebe. Kinder in die Unabhängigkeit zu entlassen, ist für die meisten Eltern schmerzhaft. Der Ablösungsprozess verläuft in vielen Fällen nicht unproblematisch, was wiederum psychische Probleme bei jungen Erwachsenen sowie ihren Eltern zur Folge hat.

Der Weg führt durch den Schmerz. Ein Mensch, der traurig ist, braucht Trost. Darum ist es wichtig, über die Veränderungen zu reden, man braucht Menschen, die zuhören. Günstig und hilfreich ist es, wenn beide Elternteile diesen Trauerprozess gemeinsam bewältigen können. Reden und sich Austauschen ist der Weg, die eigenen Gefühle ernst zu nehmen, sie nicht zu unterdrücken. Geeignet, diesen Prozess zu begleiten, sind außer dem eigenen Partner bzw. der Partnerin besonders Freunde, die sich eventuell in einer ähnlichen Lebenssituation befinden.

Rückfälle in dem Sinne, dass wieder versucht wird, Einfluss auf das Leben des »Kindes« zu nehmen, sind besonders in der ersten Zeit normal. Diesbezüglich ist es gut, sich selbst Distanz zu verordnen. Der Trauerprozess hat das Ziel, dass Menschen zu einem Ja finden: Es gilt, damit einverstanden zu sein, dass die »Kinder« nicht nach den Maßstäben der Eltern handeln, dass einem jetzt gleichwertige Erwachsene auf Augenhöhe gegenüberstehen.

Besondere Schwierigkeiten, Kinder in die Unabhängigkeit zu entlassen, haben Eltern, die keinen eigenen Lebenssinn für sich entdecken konnten. Sie leb(t)en nur für ihr(e) Kind(er). Besonders Mütter sind hier gefährdet. Sie klammern und bemerken die egoistischen Hintergründe ihres Verhaltens nicht. Im festen Glauben, alles richtig zu machen, verausgaben und opfern sie sich auf. Nur mit etwas Abstand ist hier der emotionale Missbrauch zu erkennen. Es kann sein, dass jemand, der sich in der Kindrolle befindet, die Überversorgung gerne, eventuell auch sehr selbstverständlich in Anspruch nimmt, dafür aber, vielleicht unbewusst, den Preis der Abhängigkeit in Kauf nimmt.

Entscheidend ist, dass verstanden wird, worauf der emotionale Missbrauch basiert. Ist das Kind Partnerersatz, lässt sich dies nur schwer auflösen. Bei der Ablösung ist es dann so, als müsste man den eigenen Partner aufgeben. Nicht selten wird dies wie ein körperlicher Schmerz wahrgenommen. Trotzdem ist die Ablösung notwendig, da Eltern dem Glück des Heranwachsenden nicht im Wege stehen dürfen. Konkret geht es darum, nicht mehr zu manipulieren und beeinflussen zu wollen, etwa mit dem Erzeugen von Schuldgefühlen: *Was habe ich nicht alles für dich getan? Nie kümmerst du dich um mich, warum hast du keine Zeit für mich? Das ist nicht der/die richtige Partner/in für dich. Ich bin krank, du musst mir helfen. Dich so lange nicht zu sehen, halte ich nicht aus. Du darfst mich nicht allein lassen. Wenn du ausziehst, bringt mich das um.*

Was Eltern tun können, um die Ablösung zu erleichtern

Ohne dem eigenen Leben eine neue Richtung zu geben, kann der Ablösungsprozess nicht gelingen. Eltern brauchen ein Netz von Freunden, eine sinnvolle (neue) Aufgabe, Hobbys und den ehrlichen Wunsch, das Kind loszulassen. Rückfälligkeit in die früheren Verhaltensweisen dürfen nicht zu Selbstabwertungen führen, sondern wollen erkannt und korrigiert werden.

In vielen Fällen ist eine psychotherapeutische Begleitung sinnvoll. Hier kann geklärt werden, warum das Kind z. B. in die Partnerersatzrolle gerutscht ist, was in der Partnerbeziehung gefehlt hat. Immer geht es darum, die Chancen, die in den Problemen stecken, zu nutzen. Symptome weisen auf eine notwendige Veränderung hin.

Für viele Eltern geht die Sorge für das eigene Kind über in die Sorge für ein oder mehrere Enkelkind/er. Dies kann durchaus eine sehr erfüllende Aufgabe sein. Sinnvoll und gut ist dies, wenn sich das Leben nicht ausschließlich um die Enkel dreht, wenn es daneben noch weitere wichtige Dinge gibt: Freunde, Hobbys, Reisen, soziale bzw. politische Aufgaben – und wenn man auch einmal Nein sagen kann, weil eigene Interessen im Vordergrund stehen. In vielen jungen Familien ist die Mithilfe der Großeltern zu Recht sehr willkommen und wird oft auch dringend benötigt. Zudem macht solch ein Miteinander ja auch eine Familie aus, die Enkelkinder lernen die Zugehörigkeit zu ihrer Großfamilie.

Ein Blick über die Generationen hinweg

Wer sich mit der Entwicklung der eigenen Kinder beschäftigt, wird unweigerlich mit der eigenen Lebensgeschichte konfrontiert. Viele Eltern haben das Bedürfnis, es besser zu machen als ihr eigener Vater oder ihre eigene Mutter. Sie tragen Wunden in sich, die noch nicht verheilt sind. Das Ziel dieses Buches ist es auch, Eltern – quasi nebenbei – die Möglichkeit zu bieten, ihr eigenes Selbstwertgefühl zu reflektieren und unabhängiger zu werden von alten, negativen Programmen, die Lebensfreude und Optimismus beeinträchtigen.

Während meiner jahrzehntelangen psychotherapeutischen Tätigkeit ist mir die Bedeutung der Versöhnung mit den eigenen Eltern immer klarer und deutlicher geworden. Dies gilt nicht nur für die eigene Lebenszufriedenheit, die womöglich durch Groll und Bitterkeit beeinträchtigt ist, sondern auch für die Erziehungsarbeit. Unweigerlich wird sie durch Abhängigkeit, die gerade auch in einer starken Abgrenzung von den Eltern zum Ausdruck kommen kann, belastet. Man kann die Eltern erst loslassen, wenn man keine »offenen Rechnungen« mehr mit ihnen hat. Wer ihnen nicht verzeihen kann, sollte sich psychotherapeutische Hilfe suchen. Dann kann schließlich vielleicht möglich sein zu sagen: *Ich habe meinen Eltern nichts (mehr) vorzuwerfen. Ich bin ihnen dankbar.* Oder auch: *Ich behalte sie in dankbarer Erinnerung.*

Der positive Blick über die Generationen hinweg lässt Eltern die Entwicklung der eigenen Kinder ruhiger und optimistischer sehen. Wer glaubt, an seinen Kindern etwas gutmachen zu müssen, weil er selbst noch »Rechnungen« mit den Eltern offen hat, läuft sprichwörtlich Gefahr, »das Kind mit dem Bade auszuschütten«. War beispielsweise die eigene Erziehung zu hart, wird das Kind eher verwöhnt, mit all den Nachteilen, die dies für seine Persönlichkeitsentwicklung mit sich bringt.

Wenn »Kinder« sich nicht lösen wollen

In verschiedenen Medien ist die Rede von der »Generation Weichei«. Gemeint sind junge Erwachsene, die zu bequem sind, sich auf eigene Füße zu stellen und ein selbstverantwortliches Leben zu führen. Sie verhalten sich so, als drehe sich alles nur um ihre Bedürfnisse, d. h. sie tragen unbewusst vor allem das Programm *Ich will Kind bleiben* in sich. Ihnen ist nicht bewusst, dass dies auf Dauer Leid bedeutet, denn unweigerlich damit verbunden ist das Programm *Ich bin nicht satt geworden*, da meist schon sehr früh Verwöhnung stattgefunden hatte. Die Eltern haben geglaubt, dass sie ihren Kindern zum Glück verhelfen können, wenn sie ihnen ein konfliktfreies Leben bieten. »Seelische Muskeln« wachsen aber eher durch eigene Anstrengung, durch die Bewältigung von Schwierigkeiten und durch den Abnabelungsprozess. Nur ein von seinen Eltern unabhängiger Mensch findet zu einem selbstbestimmten Leben.

Die Folgen des geheimen Programms *Ich will Kind bleiben* sind vor allem Ängste und Angststörungen, die einhergehen mit dem Gefühl von Abhängigkeit und Unzulänglichkeit. Es dominiert Unsicherheit und das Gefühl, allein nicht zurechtzukommen. Unzufriedenheit bleibt ein ständiger Begleiter. Auch Beziehungen verlaufen überwiegend unglücklich, da unbewusste egoistische Ansprüche eine gleichberechtigte Partnerschaft nicht zulassen und sich belastend auswirken.

Es gibt das Phänomen, dass »Kinder« ein bequemes Leben im »Hotel Mama« führen und sich weigern auszuziehen. Sie genießen alle Vorzüge der Versorgung, beispielsweise mit fertig zubereiteten Mahlzeiten, gewaschener Kleidung, gesäubertem Zimmer, Mitbenutzung des elterlichen Autos, ohne hierfür selbst Verantwortung zu übernehmen oder auch nur einen nennenswerten finanziellen oder anderweitigen Beitrag zu leisten. Ihr Lebensstil wirkt egozentrisch und anspruchsvoll, zumal, wenn der Focus auf Events und Partys liegt.

Meist führt Verwöhnung dazu, dass erwachsene Kinder sich weigern, die elterliche Wohngemeinschaft zu verlassen, mitunter auch dann, wenn sie beruflich erfolgreich sind und eine eigene finanzielle Basis längst geschaffen haben. Viel eher ziehen der Partner bzw. die Partnerin mit bei den Eltern ein. Nicht selten stehen diese nun den maßlosen Forderungen ihrer erwachsenen Kinder hilflos gegenüber.

Auf eine emanzipierte Partnerbeziehung sind diese jungen Menschen nicht vorbereitet; manche bleiben lieber Single und unabhängig. Früher oder später wird sich jedoch Leid einstellen, was darauf hinweist, dass etwas nicht stimmt. Dabei ist es nie zu spät, einer unheilvollen Entwicklung entgegenzuwirken. Vor dem Hintergrund, dass man als Mutter oder Vater die wahren Interessen des Kindes bzw. des jungen Erwachsenen im Blick hat, gilt es, die Konsequenzen zu ziehen. An dieser Stelle sind Eltern mitunter verzweifelt, weil alle ihre Bemühungen nicht zu fruchten scheinen, und sie brauchen dann professionelle Hilfe. Als Folge der Verwöhnung spüren sie jetzt, dass ihre eigenen Bedürfnisse völlig missachtet werden. Wer Kinder verwöhnt, erntet nicht selten Verachtung.

In dem Naturfilm »Die lustige Welt der Tiere« gibt es eine wunderbare Szene, die das Problem eindrücklich schildert. Es sind eine Bärenmutter mit zwei jungen Bären zu beobachten. Die Jungen tollen herum und leben wie im Schlaraffenland, die Mutter sorgt für Nahrung und Sicherheit. Plötzlich jedoch jagt sie ihre Jungen fort. Man sieht ihnen an, dass sie die Welt nicht mehr verstehen. Sie lassen sich zwar kurzzeitig vertreiben, begeben sich aber bald wieder in die vertraute Nähe der Bärenmutter. Allerdings wird diese bei der Annäherung deutlich: Sie zeigt ihnen ein gefährliches Knurren, welches die beiden Bärenjungen wieder in die Flucht treibt. Nach einer Weile können die verdutzten Jungen es immer noch nicht glauben und suchen erneut die Mutter. Diesmal verteilt sie jedoch ein paar kräftige Tatzenhiebe, die nun keinen Zweifel mehr an ihrer Entschlossenheit zulassen. Die beiden Bären müssen ihr Leben jetzt alleine meistern, sie sind auch in der Lage dazu. Je klarer diese Erkenntnis, desto einfacher ist das Leben.

Die Bärenjungen haben ihre Lektion verstanden. In den westlichen Industrienationen liegen die Dinge aber in vielen Fällen anders: Entweder das »Kind« lässt sich nicht aus dem warmen Nest vertreiben, oder die Eltern klammern, weil sie ein leeres Nest fürchten. Der Abschied von den Eltern ist wie bei den Bärenjungen schmerzhaft. Dieser Schmerz wird häufig vermieden, trotz aller negativen Konsequenzen, die daraus resultieren.

Der Kitt, der abhängige Beziehungen zusammenhält, sind Schuldgefühle. Häufig finden sich folgende Aussagen: *Ich kann meine Tochter/meinen Sohn doch nicht auf die Straße setzen! Ich bin doch immer noch die Mutter/der Vater! Heutzutage ist es viel schwieriger, eine unbefristete Arbeitsstelle und eine bezahlbare Wohnung zu finden. Ich werde mein Kind nicht im Stich lassen …* Selbstverständlich ist in tatsächlichen Notlagen elterliche Hilfe sehr angemessen.

Die Sinnfrage

Es ist eine unabweisbare Tatsache, dass Menschen dann zufrieden sind, wenn sie Sinn in ihrem Leben gefunden haben. Auch wenn das Leben schwer und voller Entbehrungen sein mag – wenn die tiefe Überzeugung vorhanden ist, dass man das Richtige tut, will man keine andere Existenz.

Wie so oft sollte bei der Frage, wie man Kinder in ein sinnerfülltes Leben begleitet, der Blickwinkel auf die Eltern gerichtet werden. Ihre Aufgabe ist es vorzuleben, wie man sein Leben sinnvoll gestaltet. Der bedeutende Arzt und Psychotherapeut Viktor Frankl ist der Begründer der Logotherapie. Diese zielt darauf, die Sinnfrage in den Mittelpunkt zu stellen. Frankl sieht in fast allen psychischen Erkrankungen Sinnkrankheiten: Der Mensch wird krank, weil ihm Sinn fehlt.

Die Frage lautet, wofür ein Mensch lebt. Dabei kann man sich mitunter nur wundern, womit Menschen zufrieden sind. Wenn man sie fragt, was wichtig in ihrem Leben ist, dann steht z. B. hauptsächlich ein Fußballverein im Mittelpunkt, bestimmte Konsumgüter oder eine besondere Automarke. Etwas anderes scheint es nicht zu geben. Ihr Lebensinhalt beschränkt sich im Wesentlichen darauf, ein Fan bzw. Konsument zu sein. Andere leben ausschließlich für ihre Arbeit, für ihr Äußeres, für Urlaub, dafür, ihr Geldkonto zu füllen … Wieder andere haben sich die Sinnfrage nie wirklich gestellt. Sie rennen wie die Hamster im Rad und schauen nicht nach rechts und links. Sie stehen morgens auf, gehen zur Arbeit, schauen abends Fernsehen und gehen schlafen.

Sinn will gefunden werden, so Viktor Frankl. Wofür lohnt es sich zu leben? Diese Frage können nur Erwachsene beantworten, die die Verantwortung für ihr Leben übernommen haben. Für das Selbstwertgefühl ihres Kindes können Eltern Entscheidendes tun, indem sie Sinn vorleben und sich für Sinnvolles begeistern.

Die Sinnfrage kann ein Mensch nur wirklich beantworten, wenn er sich von seinen Eltern gelöst hat und erwachsen geworden ist. Er muss niemandem mehr imponieren, niemanden überzeugen oder beeindrucken. Er tut das, was er tun will, was er tun sollte. Sinn will gefunden werden, und manchmal ist dies nicht leicht, auch Irrtümer sind möglich.

Eltern erfahren Sinn, solange sie sich um ihre Kinder kümmern. Haben diese sich auf die eigenen Füße gestellt, geraten viele Eltern in eine Sinnkrise. Besonders Müttern gelingt es oft nicht, sich aus ihrer Mutterrolle zu verabschieden. Sie spüren plötzlich Leere, Bedeutungslosigkeit und depressive Gefühle, die unerträglich erscheinen. Ihre Versuche, wieder für ihre »Kinder« sorgen zu wollen, führt in negative Abhängigkeiten. Sie brauchen etwas anderes: soziales Engagement, neue oder alte Hobbys, einen Freundeskreis …

Ein Blick auf die Kinder dieser Welt

Es ist Zufall, in welche Familie wir hineingeboren wurden, wir konnten es uns nicht aussuchen. Ob wir schwarz, weiß, braun oder sonst wie sind, ist eine Fügung. In einer westlichen Industrienation zu leben und nicht in einem Slum der dritten Welt, ist kein eigener Verdienst. Kinder, die in Ghettos überleben müssen, werden mit hoher Wahrscheinlichkeit kriminell und drogenabhängig. Darum ist es als großes Glück anzusehen, wenn Eltern sich um das Selbstwertgefühl ihres Kindes kümmern können. Der liebevolle Blick sollte sich jedoch nicht nur auf das eigene Kind richten, sondern auf alle Kinder dieser Welt. Nur so können wir unseren Kindern wirklich gerecht werden.

Wir sehen, dass Kinderarmut ein großes, oft übersehenes oder verdrängtes Problem auch in unserer Gesellschaft ist, und darüber hinaus erst recht in ärmeren Ländern. Kinderarbeit, Unterernährung, Krankheit, fehlende Schulbildung, Krieg, Terror und Traumatisierung – mit alldem sind unzählige Kinder täglich konfrontiert. Sie sind völlig unschuldig an ihrer Lage und können ohne Hilfe von außen diesem Leid nicht entkommen.

Als Eltern in einem freien Land tragen wir Verantwortung für alle Kinder dieser Erde.

Anhang

Psychoedukation in der Schule – zusammenfassende Hinweise für Lehrerinnen und Lehrer

Psychoedukation ist der Fachbegriff für die Vermittlung von geeignetem Wissen über die Psyche sowie seelische Zusammenhänge. Es macht Sinn, wenn Schülerinnen und Schüler nicht nur die biologischen Prozesse kennenlernen, die ihren Körper steuern, sondern auch Kenntnisse über emotionale Vorgänge erwerben.

Viel stärker, als den meisten bewusst ist, dreht sich unser Denken, Streben und Handeln um das Selbstwertgefühl. Ein gestörtes Selbstwertgefühl kann nicht nur den Einzelnen in Verzweiflung und Krankheit führen, sondern auch Staaten in Kriege verwickeln und in der Folge unermessliches Elend für Millionen von Menschen verursachen. Nahezu alle zwischenmenschlichen Probleme lassen sich auf Störungen des Selbstwertgefühls zurückführen. Dazu gehören jede Form von Unterdrückung, Abwertung, Demütigung, Mobbing, Neid, Missgunst, Radikalisierung, Terror sowie viele psychische Störungen und Krankheiten.

Die Methode der Selbstwertanalyse ist geeignet, Schülerinnen und Schülern, etwa ab Klasse 4, tiefere Einblicke in ihre Psyche zu ermöglichen, mit dem Ziel, unabhängig und eigenständig an ihrem Selbstwertgefühl zu arbeiten. Eine eventuell notwendige Verbesserung des Selbstwertgefühls kann letztlich nur von den Betroffenen selbst vorgenommen werden.

Wenn über das Selbstwertgefühl von Schülerinnen und Schülern nachgedacht wird, geraten unweigerlich die Schulnoten in den Focus. Nicht wenige fordern die Abschaffung derselben, da Misserfolgserlebnisse dem Selbstwertgefühl schaden können. Für viele Schülerinnen und Schüler sind Schulnoten jedoch kein Problem. Denn wer ein starkes Selbstwertgefühl hat, ist grundsätzlich unabhängiger von Leistungsbewertungen. Stärken und Schwächen vermag er einzuordnen und damit umzugehen. Schüler mit einem schwachen Selbstwertgefühl leiden dagegen auch dann noch, wenn sie eigentlich zufrieden sein könnten (*Eigentlich müsste ich noch besser sein*). Die zentrale Frage lautet: Wie bewertet der

Schüler selbst seine Note? Dafür ist die Basis, die Schülerinnen und Schüler in Form von inneren Programmen mitbringen, entscheidend. Negative innere Programme, sogenannte geheime Programme, können Schulversagen verursachen. Positive innere Programme sorgen dagegen dafür, dass es zu einem optimalen Erreichen des Möglichen kommt.

Schulnoten können ein Ansporn sein oder aber wie vernichtende Kritik erlebt werden. Dabei sind nicht die Schulnoten selbst schuld, sondern die Stabilität bzw. Instabilität des Selbstwertgefühls ist das Problem. Ein Leben ganz ohne Frustration ist nicht möglich. Die Frage ist, wie ein Kind oder ein Jugendlicher mit Enttäuschungen umgeht. Dies zu bearbeiten ist Aufgabe der Psychoedukation.

!

Wichtiger als das Abschaffen der Noten wäre aus meiner Sicht die Abschaffung der Hausaufgaben. Diese führen in zahlreichen Familien zu täglichen Dramen, hier fühlen Kinder sich gequält. Nicht selten bewältigen bereits Grundschüler ein tägliches Pensum von acht Stunden und mehr mit Unterricht, Hausaufgaben und weiteren Anforderungen, oft in Form vorgegebener Hobbys. Konzentration über lange Zeiträume überfordert viele Kinder. Da sie diesen Anforderungen nicht gewachsen sind, muss sich zwangsweise das Programm *Ich genüge nicht* verstärken. Intensive Lernphasen während der vorgegebenen Unterrichtszeiten sollten durchaus reichen, um die wesentlichen Unterrichtsinhalte zu internalisieren. Freiraum zum kreativen Spielen oder für Verabredungen bleibt kaum, für die psychische Gesundheit ist er allerdings unverzichtbar. Manche Lehrerinnen und Lehrer haben dies erkannt und verzichten inzwischen bewusst darauf, Hausaufgaben zu stellen.

Methodische Überlegungen

Wenn das Interesse am Thema geweckt ist, kann über die Bedeutung des Selbstwertgefühls gesprochen werden: für unser Lebensglück, psychische und körperliche Gesundheit, Erfolg im Leben … (Siehe auch das erste Kapitel: »Falsche Annahmen zum Selbstwertgefühl«.) Das Fazit: Das Selbstwertgefühl gehört zum Wichtigsten überhaupt. Schulerfolg ist wichtig, aber noch wichtiger für ein zufriedenes Leben sind gute, innere Programme, die ein starkes Selbstwertgefühl bewirken.

In einem nächsten Schritt wird eine Bestandsaufnahme vorgeschlagen. Die Schülerinnen und Schüler werden befragt, wie zufrieden sie mit ihrem Selbstwertgefühl sind:

Wer von euch glaubt, dass er ein gutes, ein starkes Selbstwertgefühl hat?
Wer wünscht sich manchmal ein besseres Selbstwertgefühl?
Was passiert, wenn man eine Niederlage einstecken muss?

Im anschließenden Gespräch könnte ein Hinweis erfolgen, dass jeder sich hin und wieder ein besseres Selbstwertgefühl wünscht, auch erfolgreiche Menschen.

Die dann folgende Aufklärung über die Entwicklung des Selbstwertgefühls sollte behutsam stattfinden, da dabei die Eltern möglicherweise in die Kritik geraten können (im Sinne von Vorwürfen an die Eltern: Ich war nicht willkommen, ich konnte nicht genügen, ich habe zu wenig Liebe und Aufmerksamkeit bekommen ...). Hier sind Konflikte, etwa durch Schuldzuweisungen, unbedingt zu vermeiden, da sie schaden können. Der Focus wird daher auf die Eigenverantwortung der Schülerinnen und Schüler gelenkt, die lediglich darüber aufgeklärt werden, dass innere Programme das Selbstwertgefühl steuern.

Die Unterrichtsinhalte

Die zentalen Unterrichtsinhalte werden von den folgenden Fragen umrissen:

- Wie funktioniert das Selbstwertgefühl im Alltag?
- Wie funktioniert das eigene Selbstwertgefühl?
- Wie kann ich es verbessern?

Die inneren Programme kennenlernen

Die Schülerinnen und Schüler sollten vor allem über die inneren Programme in Kenntnis gesetzt werden, die für ein starkes Selbstwertgefühl verantwortlich sind. Die nachfolgenden drei positiven Kernprogramme dienen dabei als Leitgedanken.

1. Ich bin willkommen

Die Schülerinnen und Schüler lernen, dass die Basis für Lebensglück die innere Gewissheit ist, willkommen zu sein. Die Bedeutung dieser Haltung wird erörtert und so ins Bewusstsein gehoben.

Die Gleichwertigkeit eines jeden Schülers, jeder Schülerin wird betont: *Ich bin nicht mehr und nicht weniger wert als jeder andere.*

Ziel ist, dass jeder Schüler, jede Schülerin sich selbst willkommen heißt und willkommen fühlt. Die Klassengemeinschaft kann dabei helfen. Die Schülerinnen und Schüler sollen verstehen, dass sie ihr Selbstwertgefühl nur pflegen können, wenn sie sich als Teil eines Ganzen verstehen. Geben und Nehmen sind eins. Wer andere abwertet, zeigt, dass er sich über andere stellen will. Er wertet sich damit aber unbewusst auch selbst ab. Jede Form der Überheblichkeit wird als Hinweis auf ein gestörtes Selbstwertgefühl verstanden (*Warum muss ich mich eigentlich über andere stellen?*), genauso wie jede Form der Selbstabwertung, Unterwürfigkeit und falschen Nachgiebigkeit. Das Ziel ist, dass die Schülerinnen und Schüler sich mit allen anderen auf Augenhöhe fühlen.

2. Ich genüge immer

Das innere Programm *Ich genüge immer* tragen Menschen in sich, die ein stabiles Selbstwertgefühl haben. Hier ist nicht selbstgefällige Faulheit im Sinne von *Ich habe es nicht nötig, mich anzustrengen* gemeint, sondern die positive Bewertung der eigenen Leistungen.

Es ist davon auszugehen, dass viele Schülerinnen und Schüler das geheime Programm *Ich genüge nicht* in sich tragen. Die Folgen, die hier zu erwarten sind, können verständlich vermittelt werden. Woran kann man erkennen, dass dieses Programm sich im Inneren eines Menschen befindet? (Siehe hierzu S. 35–45.)

3. In mir ist alles, was ich brauche

Die Schülerinnen und Schüler werden aufgefordert zu überlegen, wie sie zufriedener werden können. Dabei ist davon auszugehen, dass viele das Programm *Ich bin zu kurz gekommen* in sich tragen. Hier sind die Folgen transparent zu machen. (Siehe hierzu S. 49–59.)

Themen wie Neid, Eifersucht, sich zu kurz gekommen fühlen etc. werden besprochen. Die Frage, wie sich Selbstliebe entwickelt, kann bearbeitet werden. (In den Blick genommen wird z. B.: Wie reden zufriedene Menschen mit sich selbst?) Auch die Haltung zum Konsum wird reflektiert. Letztlich gilt: Zufriedenheit kann nur aus dem eigenen Innern kommen.

4. Weitere Programme

Aus den drei positiven Kernprogrammen leiten sich weitere Programme ab. Die Schülerinnen und Schüler sollen sowohl die eigenen positiven Programme als auch die negativen geheimen Programme kennenlernen:

Positives Programm	*Negatives geheimes Programm*
Ich bin wertvoll.	*Ich bin wertlos.*
Ich bin ein Gewinner.	*Ich bin ein Verlierer.*
Ich habe ein Recht auf meine Meinung.	*Ich habe kein Recht auf meine Meinung.*
Ich will erwachsen werden.	*Ich will Kind bleiben.*

5. Gegenprogramme
Schüler sollten Gegenprogramme als untaugliche Versuche erkennen, negative geheime Programme auf direkte Weise zu löschen. (Siehe hierzu S. 28–31.)

6. Neue Programme
Das Ziel der Aufklärung über Entwicklung und Funktion des Selbstwertgefühls ist ja, dass die Schülerinnen und Schüler hier bestehende Defizite erkennen und bearbeiten lernen. Zumindest beispielhaft ist es sinnvoll, gemeinsam mit ihnen die Erarbeitung neuer Programme zu besprechen. Die Erklärungen in diesem Buch werden bereits von Schülerinnen und Schülern etwa ab Klasse 4 verstanden.

Das Thema »Neue Programme« eignet sich besonders, um über das gestörte Selbstwertgefühl derer zu sprechen, die andere mobben.

Mobbing in der Schule

Wer andere mobbt oder versucht zu mobben, agiert ein Gegenprogramm aus. Er versucht, sich größer zu machen, indem er andere erniedrigt. Da sein Selbstwertgefühl dadurch jedoch nicht besser wird, glaubt er, mehr Mobbing zu brauchen. Mitunter ist ein Kontrollverlust zu beobachten, da es nicht gelingen will, mit dem Mobbing aufzuhören. Hier gilt es für alle zu verstehen, dass derjenige, der mobbt, bedürftig ist, dass sein Selbstwertgefühl gestört ist. Meist macht es wenig Sinn, Mobbing nur zu verbieten oder hart zu sanktionieren. Alle Schülerinnen und Schüler sollten die innere Not verstehen, die hinter Mobbing steckt. Nur so kann die unbewusste Motivation desjenigen, der mobbt, enttarnt und die Basis dafür geschaffen werden, dass es zu einer Verhaltensänderung kommt.

Mobbing gehört zum narzisstischen Modus. Typischerweise sind diese Menschen wenig zugänglich für eigene Fehler und Schwächen. Ihre Selbstwertstörung werden sie zunächst nicht erkennen wollen. Hinter einer grandiosen Fassade steckt jedoch eine in Wirklichkeit zerbrechliche, leicht kränkbare Person. Nur wenn sich eine große Mehrheit gegen das Mobbing wehrt, kann es wirksam zurückgedrängt werden.

Für die Schülerinnen und Schüler ist es wichtig, verstehen zu lernen, dass Menschen mit einem echten starken Selbstwertgefühl gar nicht auf die Idee kommen, sich über andere zu stellen oder andere zu tyrannisieren.

Suizid von Kindern und Jugendlichen

Ein über die Maßen trauriges Kapitel ist der Suizid von Kindern und Jugendlichen. Um die Problematik und die innere Welt der Betroffenen besser und tiefer zu verstehen, hier das Beispiel einer 14-jährigen Schülerin:

> K. stürzte sich aus dem Fenster eines Hochhauses und starb. Offensichtlich handelte es sich um eine Verzweiflungstat. Sie war von mehreren Mitschülern gemobbt worden. In der Klassengemeinschaft zeigten nach dem Suizid vor allem diejenigen Schüler besonders starke Scham- und Schuldgefühle, die das Mobbing als Unbeteiligte zwar beobachtet, aber nichts dagegen unternommen hatten. Die, die aktiv am Mobbing beteiligt gewesen waren, zeigten hingegen wenig Schuldgefühle. Nach dem Motto »Ich habe ihr nicht gesagt, dass sie aus dem Fenster springen soll« wurde jede Mitverantwortung zurückgewiesen.
>
> Schaut man auf das familiäre Umfeld, wird die tiefe Verzweiflung noch deutlicher. K. wurde als uneheliches Kind geboren. Ihr Vater hatte sich nie um sie gekümmert. Drei weitere Halbgeschwister hatten unterschiedliche Väter. Mit dem derzeitigen Stiefvater gab es ständig Konflikte und Streit.
>
> Wenn man sich in K. hineinfühlt, wird deutlich, dass das Gefühl, nicht willkommen zu sein, sehr ausgeprägt war. Der Verdacht liegt nahe, dass das geheime Programm *Ich bin nicht willkommen* sich schon früh etabliert hat.
>
> Wie beschrieben führt dieses Programm bei Kindern und Jugendlichen häufig zu extremem Verhalten. In ihrem Innern herrschen Chaos und tiefe Hoffnungslosigkeit, oft neigen sie zu impulsiven Handlungen. Bei K. bewirkte dieses Programm zusätzlich, dass sie Mobbingopfer wurde. Sie war offensichtlich zutiefst verzweifelt und nicht mehr in der Lage, einen Ausweg zu erkennen.

Aufklärung über die narzisstische Persönlichkeitsstörung

Wenn man auf das vorherrschende Selbstwertgefühl von Menschen in unserer Gesellschaft schaut, dann ist unübersehbar, dass narzisstische Einstellungen und Haltungen zunehmen. Dies bedeutet einen Zuwachs an selbstbezogenen und egoistischen Verhaltensweisen, die nicht wirklich glücklicher und zufriedener machen. Nicht das »Wir«, sondern das »Ich« rückt in den Vordergrund. Schleichend wird ein Problem immer größer: *Die Verführbarkeit des Einzelnen zu Radikalisierung.* In höheren Schulklassen scheint mir die Aufklärung über die narzisstische Persönlichkeitsstörung von höchster Bedeutung.

Die Tatsache, dass immer mehr Populisten in höchste Staatsämter gelangen, ist eine Bedrohung der freiheitlichen Gesellschaft und des Weltfriedens. Unschwer ist bei vielen von ihnen eine narzisstische Persönlichkeitsstörung zu erkennen. Dies bedeutet, dass es diesen Personen nicht darum geht, das Beste für die Bevölkerung und den Staat zu erreichen, sondern ihre eigenen selbstsüchtigen Ziele durchzusetzen. Sie berauschen sich am eigenen Machtgewinn und verfügen über subtile Mittel der Verführung.

Um eine wirksame Prophylaxe gegen die Verblendung von Schülerinnen und Schülern, etwa durch rechtsradikale Ideologie, zu erreichen, ist es sinnvoll, die Mechanismen der Beeinflussung zu erkennen sowie die kranke Persönlichkeitsstruktur der Anstifter zu durchschauen. Sie alle arbeiten mit der Methode, dem Einzelnen eine Verbesserung seines Selbstwertgefühls zu suggerieren, etwa indem man an den Nationalstolz appelliert.

Zunächst geht es darum, die kranke Persönlichkeit solcher Populisten zu erkennen:

Von einer narzisstischen Persönlichkeitsstörung ist erst dann die Rede, wenn bestimmte Verhaltensweisen dauerhaft und umfangreich zu beobachten sind:

- Die betroffene Person hat ein überhöhtes Selbstwertgefühl und ein (vordergründig) grandioses Selbstbild.
- Sie will Aufmerksamkeit um jeden Preis erregen, insbesondere durch Provokation.
- Die eigene Persönlichkeit wird rücksichtslos in den Vordergrund gestellt.
- Die Person glaubt die eigenen Lügen.
- Sie reagiert stark auf Kränkung, etwa mit großer Wut.
- Sie wertet andere gnadenlos ab.

- Zum Machtgewinn und Machterhalt ist jedes Mittel recht (Lügen, Betrügen).
- Kritische Medien werden bekämpft und beschimpft, wenn möglich eliminiert (»Lügenpresse«, »Fake News«).
- Es wird Hass auf die politische Elite provoziert.
- Den Anhängerinnen und Anhängern wird ein stärkeres Selbstwertgefühl suggeriert (Ihr seid die einzig richtigen Deutschen/Franzosen/Türken/Amerikaner …).
- Es wird die Angst vor dem Fremden geschürt, etwa vor Flüchtlingen, um die Wut des Einzelnen zu verstärken und Anhängerinnen und Anhänger zu rekrutieren.
- Es werden soziale Wohltaten versprochen, obwohl diese nicht umsetzbar sind.

Auch wenn diese »Verführer/Anführer/Anstifter« nach außen so stark und überlegen wirken, sind sie schwer gestört und gefährlich. Wie bereits beschrieben, haben Menschen mit einer narzisstischen Persönlichkeitsstörung eben kein stabiles Selbstwertgefühl. Hinter einer grandiosen Fassade versteckt sich eine brüchige, extrem leicht kränkbare Person. Sie haben ein sogenanntes »falsches Selbst«, d. h. sie sind nicht authentisch und echt, sondern »falsch«. In ihrem Innern herrschen Wut auf sich selbst, emotionale Kälte und quälende Langeweile. Auch wenn sie nach außen stark und überlegen auftreten, fehlt echte Selbstliebe. Das, was sie innerlich so schmerzlich vermissen, versuchen sie mit allen Mitteln auszugleichen. So ist die Gier nach Macht als ein »Gegenprogramm« zur Kompensation tiefer Minderwertigkeitsgefühle zu verstehen. Die täglichen Provokationen haben vor allem die Funktion, innere Leere zu überspielen. Nach außen projizierte Wut, Eiseskälte und Rücksichtslosigkeit den Gegnern gegenüber kennzeichnen das Verhalten dieser Menschen. Dabei scheinen sie durch nichts satt zu werden, so brauchen sie immer mehr Aufmerksamkeit, Macht und Anhänger. Da es nur um die eigene Person geht und nicht um die wahren Interessen der Bevölkerung, muss, wenn diese Personen an die Macht kommen, um die demokratischen Grundwerte gefürchtet werden. Sie scheinen nur Schwarz oder Weiß zu kennen: »Entweder bist du für mich oder gegen mich. Jeder, der nicht für mich ist, ist ein Feind (Terrorist).«

Naturgemäß wächst die Schar der Kritikerinnen und Kritiker, die dann mit allen Mitteln bekämpft (verfolgt) werden müssen. Dabei wird die Angst vor Machtverlust immer größer und nimmt paranoide Züge an. Am Ende ihrer Herrschaft können diese Personen nicht mehr zwischen Freund und Feind unterscheiden.

Um Wähler oder Anhänger zu gewinnen, arbeiten Populisten damit, das Selbstwertgefühl vieler scheinbar aufzuwerten. Die politische Elite wird zum Feind erklärt, damit all diejenigen, die sich als zu kurz gekommen erleben, sich ihrer Ideologie anschließen. Das Nationalgefühl wird hochstilisiert. Menschen mit einem geringen Selbstwertgefühl fühlen sich geschmeichelt und wollen teilhaben am Überlegenheitsgefühl. Sie lassen sich manipulieren und narzisstisch verführen und wählen z. B. blind eine kranke Persönlichkeit. Mit etwas Abstand ist zu erkennen, dass es zu keinerlei Verbesserung des Selbstwertgefühls kommt, sondern zu destruktiven Abhängigkeiten.

Um den eigenen Selbstwert zu erhöhen, braucht man einen Sündenbock. Im Dritten Reich waren dies die Juden, für die heutigen Rechtsradikalen sind es die Muslime und wieder die Juden. Islamisten arbeiten ebenfalls damit, potentiellen Anhängern die Steigerung des Selbstwertgefühls in ungeahnte Höhen zu versprechen.

Dieser unheilvollen Entwicklung kann nur begegnet werden, wenn möglichst viele Menschen ein stabiles, unabhängiges Selbstwertgefühl entwickeln, das sie immun gegen narzisstische Verführung macht. Dies ist eine pädagogische Aufgabe, die möglichst früh angegangen werden muss. !

Material für Eltern – Geschichten für Kinder

Dieser Abschnitt beinhaltet Geschichten, die Eltern ihren 8- bis 10-jährigen Kindern erzählen bzw. vorlesen können, um ihnen die Bedeutung von inneren Programmen verständlich zu machen.

Eine Geschichte zum Selbstwertgefühl

Annika ist eine Forscherin und interessiert sich für viele Dinge. Nun will sie wissen, wie das Selbstwertgefühl funktioniert. In der Schule hat sie beobachtet, dass Julian immer der Lauteste und nicht selten auch der Frechste ist. Ob der wohl ein besseres Selbstwertgefühl hat als sie selbst? Dann ist da noch Felix, der immer allen aus dem Wege geht und sich nie was traut. Viele glauben, dass er ein Feigling ist. Ganz sicher hat er kein gutes Selbstwertgefühl. Neulich ist Annikas Mathearbeit völlig ›in die Hose‹ gegangen, das hat ihr einen richtigen Schlag versetzt und ihr Selbstwertgefühl war völlig am Boden. Inzwischen hat sie sich jedoch wieder von dieser Niederlage erholt.

»Sag mal, Mama, wie funktioniert eigentlich das Selbstwertgefühl?«, fragt Annika ihre Mutter. »Das ist eine sehr wichtige Frage!«, antwortet die Mutter. »Das Selbstwertgefühl muss man hüten wie einen Schatz, denn ein gutes Selbstwertgefühl gehört zum Wichtigsten im Leben überhaupt. Viele Menschen haben ein schlechtes Selbstwertgefühl, das lässt sie griesgrämig, unzufrieden und sogar böse werden. Nur wer sich selbst mag, kann glücklich sein.«

Die Mutter erklärt weiter, dass jedes Kind drei Fragen mit auf die Welt bringt, die für das Selbstwertgefühl von größter Bedeutung sind. Auf diese Fragen wollen alle Kinder eine positive Antwort haben. Die erste Frage lautet: Bin ich willkommen? Die zweite: Genüge ich? Und die dritte: Bekomme ich genügend Liebe und Zuwendung? »Das sind innere Programme, die das Selbstwertgefühl steuern. Wer gute, starke innere Programme hat, kann sich auf sein Selbstwertgefühl verlassen«, erklärt die Mutter. »Niemand ist mehr wert als der andere. Auch wenn viele Leute meinen, wichtiger zu sein als andere, zeigt das doch nur, dass sie unter Minderwertigkeitsgefühlen leiden. Ihre guten inneren Programme sind zu schwach, stattdessen werden sie von negativen geheimen Programmen gesteuert.«

Annika kann kaum glauben, dass alle Menschen gleichwertig sind, denn es gibt doch sehr wichtige Menschen wie den Bürgermeister, die Bundeskanzlerin oder berühmte Filmstars und Musiker. »Das stimmt schon«, antwortet die Mutter. »Menschen haben unterschiedliche Rollen. Die können auch sehr wichtig sein, aber das ändert nichts am Wert des jeweiligen Menschen. Der ist nämlich bei allen gleich, ganz unabhängig von einer wichtigen oder unwichtigen Rolle. Du bist genauso wertvoll wie eine Bundestagsabgeordnete, auch wenn du keine Bundestagsabgeordnete bist«, schmunzelt sie. Die Mutter erklärt auch, dass es viele Menschen gibt, die versuchen, durch Macht und Einfluss ihren Wert als Mensch zu steigern. »Das kann jedoch gar nicht funktionieren. Diese Leute werden dann zwar vielleicht bekannt, sie sind berühmt und werden von vielen bewundert. Trotzdem schaffen sie es nicht, ihre Minderwertigkeitsgefühle loszuwerden, und ihre Angst wird trotz der ganzen Macht und Berühmtheit immer größer.«

Die Mutter erklärt weiter, dass es von größter Bedeutung ist, wie Menschen über sich selbst denken, ob sie z. B. glauben können, dass sie auf dieser Erde willkommen sind. »Wie ist es denn eigentlich bei dir, Annika? Fühlst du dich willkommen?« Annika überlegt kurz. »Ich glaub' schon. Ich kann spüren, dass sich alle freuen, wenn ich komme. Vor allem du, Papa, Oma und Opa. Bei Lara fühle ich mich manchmal nicht willkommen, weil sie sagt, dass ich nerve.« »Ach, weißt du, Annika, deine große Schwester ist in der Pubertät. Da braucht sie eben manchmal ihre Ruhe. Aber ihr habt doch auch immer mal wieder viel Spaß zusammen, oder nicht?« Annika denkt kurz nach: »Naja, grundsätzlich bin ich wohl auch bei Lara willkommen, auch wenn sie manchmal mit mir streitet. Ich mag sie ja, auch wenn sie manchmal richtig doof ist.« Die Mutter betont, dass es sehr wichtig für ihr Selbstwertgefühl ist, dass sie sich willkommen fühlt, denn das wichtigste innere Programm ist: »Ich bin willkommen.« Annika gefällt dieses Programm, weil sie es in sich spüren kann und sicher weiß, dass sie willkommen ist. »Es wäre doch gut, wenn alle Menschen sich willkommen fühlen würden!«, meint sie.

Die Mutter erklärt nun, dass es eine weitere Frage gibt, die von großer Bedeutung sei: *Genüge ich?* »Das bedeutet: ›Genügt das, was ich mache? Bin ich gut genug?‹« Annika denkt nach: »Ich hab schon öfter das Gefühl gehabt, das ich nicht gut genug bin, z. B. bei der blöden Mathearbeit, die ich so verhauen habe.« Die Mutter versichert Annika, dass sie immer genügt, auch wenn sie mal nicht so eine gute Note nach Hause bringe. Auch ihr Vater würde so denken, denn auch er würde Annikas Wert nicht von irgendeiner Schulnote abhängig machen. »Viel wichtiger ist aber, dass du dich selbst gut genug findest, dass du zufrieden bist mit dem, was du machst.« Denn Menschen, die sich selbst nicht genügen würden, hätten immer ein schlechtes Selbstwertgefühl, erklärt sie. Und das wäre ganz schlecht: »Diese Menschen zweifeln dann an sich selbst, trauen sich nur ganz wenig zu – so wie der Felix aus deiner Klasse – und dann geht bei ihnen tatsächlich auch häufig etwas schief. Du bist für mich und Papa aber immer gut genug, auch wenn mal was danebengeht oder du Unsinn gemacht hast. Auch dann darfst du dich selbst positiv sehen. Das sollst du sogar. Du sollst dir immer sagen: ›Ich genüge immer. Ich bin ein wertvoller Mensch, egal was passiert.‹ Das ist ein ganz wichtiges inneres Programm, das du in deinem Inneren haben sollst.«

Die Mutter erklärt, dass niemand perfekt ist und dass man das auch gar nicht sein muss. Es reicht vollkommen, wenn man sich Mühe gibt, bei dem, was man macht. »Das glaube ich auch für mich selbst, auch wenn ich mal einen Fehler mache. Es ist sehr wichtig, daran zu glauben, dass man in Ordnung ist und gut genug ist. Nur so kann man zufrieden sein. Es ist gar nicht nötig, andere immer übertrumpfen zu wollen. Du musst dich aber auch nicht umgekehrt mit deinen Leistungen verstecken. Das Beste ist, wenn du dir sagen kannst: ›Ich bin okay, so wie ich bin!‹«

Die Mutter erklärt weiter, dass sie und ihr Vater immer bereit sind, mit Annika zu reden, wenn sie an sich selbst zweifeln würde, damit die Sache wieder ins Lot komme. Sie betont, wie wichtig für ein starkes Selbstwertgefühl das innere Programm: »Ich genüge immer« ist. Annika findet es toll, so zu denken: Auch wenn ich Fehler mache und schlechte Noten habe, bin ich gut genug! Die Mutter ergänzt: »Wenn man einen Fehler macht, kann man dazu stehen und sich bemühen, es besser zu machen.«

»Es gibt noch etwas, was für das Selbstwertgefühl eine große Rolle spielt«, meint die Mutter. »Das ist die Tatsache, dass man Zufriedenheit nur in sich selbst finden kann. Die kann nie von außen kommen.« Annika kann das gar nicht glauben: »Stimmt doch gar nicht! Als ihr mir zum Geburtstag das neue Handy gekauft habt, da hab ich mich total gefreut. Wenn ihr mir jetzt noch das tolle Computerspiel kauft, das Mia schon hat, dann wäre ich richtig glücklich.« »Klar freut man sich, wenn man einen Wunsch erfüllt bekommt«, erwidert die Mutter. »Aber das ist eine vergängliche Freude, die geht immer wieder schnell weg. Das siehst du ja an dir selbst: Das Handy war am Anfang super-toll, aber jetzt ist es für dich schon ganz normal. Und jetzt wünschst du dir schon wieder etwas Neues. Das ist das Problem mit der Zufriedenheit, die von außen kommt: Man braucht immer wieder neue Dinge, immer wieder gibt es neue Wünsche.« Annika denkt darüber nach und stellt fest, dass ihr einige Sachen, die sie sich mal sehr gewünscht hatte, heute kaum noch etwas bedeuten. Vielleicht hat die Mutter ja Recht?

»Weißt du, Annika, Wünsche habe ich schon auch. Wirklich glücklich und zufrieden machen jedoch nicht die äußeren Dinge, die man kaufen kann, sondern das, was man innerlich hat und was nichts kostet. Für mich sind das unsere Familie, meine Liebe zu dir, Lara und Papa, meine Freundinnen, mein Beruf, der mir Spaß macht und wo ich Anerkennung bekomme, meine Hobbys und all die Dinge, die ich gerne mache. Wirkliche Zufriedenheit kommt nur von innen«, betont sie. Annika beschließt, sich all diese Dinge zu merken. »Wir können ja bald mal wieder über das Selbstwertgefühl reden. Ich werde auch mal Papa fragen, was er dazu meint. Das würde ich auch gerne wissen.«

Geschichten zur Geschwisterrivalität

Wenn Geschwister stark miteinander konkurrieren, entwickelt sich meistens das Programm *Ich bin zu kurz gekommen,* das dann auch Lebenssituationen bestimmt, die mit der eigentlichen Geschwisterrivalität gar nicht mehr in Verbindung stehen. Besonders gefährdet ist hier in der Regel das ältere Kind.

Wenn Eltern beobachten, dass ihr Kind sich auch grundlos häufig zurückgesetzt fühlt und dass starke Neidgefühle immer wieder zu Streit führen, sollten sie die Lage ernst nehmen. Dabei macht es meist wenig Sinn, dem Kind dieses Gefühl auf direkte Weise ausreden zu wollen. Wahrscheinlich ist es geschickter, indirekt vorzugehen, z. B. mit einer Geschichte.

Am besten eignet sich eine Zeit, in der man mit dem Kind allein in einer vertrauensvollen Atmosphäre ist. Als Personen in der Geschichte wählt man gegengeschlechtliche Figuren aus. Handelt es sich in der Realität um Geschwister unterschiedlichen Geschlechts, können die Rollen so gewählt werden, dass eine indirekte Identifizierung möglich ist.

Max ist zwei Jahre älter als Niko. Eigentlich mögen sie sich, sie spielen auch oft gemeinsam; dabei kann es jedoch leicht auch mal passieren, dass sie sich in die Haare bekommen und streiten. Weil Niko kleiner und schwächer ist, nehmen die Eltern ihn öfter in Schutz, das ärgert Max besonders. Niko ist raffiniert, er weiß genau, dass er manchmal nur laut schreien muss, um die Eltern auf seine Seite zu ziehen. So passiert es, dass Max sich oft ungerecht behandelt fühlt, und das tut ihm richtig weh. In solchen Situationen glaubt er, dass Papa und Mama Niko lieber mögen als ihn, sonst wären sie ja nicht immer auf seiner Seite. Niemand scheint zu bemerken, wie schwer Max es mit seinem jüngeren Bruder hat. Immer soll er vernünftig sein, in Wirklichkeit ist er aber oft wütend auf Niko.

Eines Abends hat Niko wieder einmal laut geschrien. Natürlich waren die Eltern wieder böse auf Max, obwohl er gar nichts getan hatte. Traurig und wütend ging er ins Bett, konnte aber erst mal nicht einschlafen. In der Nacht hatte er dann einen Traum, der ihm noch lange in Erinnerung bleiben sollte:

Max sah im Traum eine Fee, die ihn ansprach: »Hallo Max, ich habe gesehen, dass du ungerecht behandelt wurdest. Mama und Papa haben dir nicht geglaubt, dass du gar nichts Böses gemacht hast. Vielleicht kann ich dir ja helfen: Das Wichtigste ist, dass du weißt, dass Mama und Papa dich genauso lieb haben wie Niko. Weil er kleiner und schwächer ist, wollen sie ihn beschützen. Wenn du ehrlich bist, weißt du auch, dass du ihn schon oft geärgert hast, ohne dass Mama oder Papa etwas bemerkt haben. Jeder wird ab und zu mal ungerecht behandelt. Das ist nicht schön und es kann auch richtig wehtun. Der Trick ist aber, dass man sich dann auf das konzentriert, was man alles hat und kann und auf das, was schön ist. Es gibt vieles, was du gut kannst, und es gibt viele Dinge, über die du dich freust, die du gernhast, womit du vielleicht gerne spielst. Schau mal dahin, wo Mama und Papa richtig lieb zu dir waren. Max denkt nach und sagt: »Papa hat gestern mit mir Fußball gespielt und Mama war am Samstag ganz alleine mit mir Eis essen.« Die Fee meint, dass sie schon damit gerechnet habe, dass er viele schöne Dinge mit Mama und Papa erlebt habe. »Meine nächste Frage lautet: Welche Dinge kannst du gut?« Max überlegt und antwortet, dass er in Mathe und in Sport richtig gut sei und dass er letztens beim Fußball ein Tor geschossen habe. »Siehst du«, sagt die Fee, »ich wusste, dass es vieles gibt, was du gut kannst und worauf du stolz sein kannst, und das ist ja noch längst nicht alles, da gibt es noch sehr viel mehr. Achte darauf, wenn dir etwas gelingt, und merke es dir, denn oft wird gerade das, was schön und gut ist, vergessen oder für selbstverständlich gehalten.« Max verspricht, darauf zu achten. Die Fee erklärt ihm abschließend noch, dass es das Wichtigste ist, mit sich selbst zufrieden zu sein. »Wenn du jetzt zurückschaust, dann merkst du, dass es dir viel besser geht: Du bist nicht mehr traurig und wütend, sondern richtig froh. Das ist nämlich der Trick: Wenn man etwas nicht ändern kann, dann schaut man auf die Dinge, die gut sind, und schon hat man bessere Laune«. Die Fee lächelt Max an und sagt: »Bei der nächsten Gelegenheit kannst du mit Mama und Papa über dieses Problem mit deinem kleinen Bruder sprechen, sie werden dir sicher zuhören und dich auch verstehen. Dabei solltest du jedoch auch zugeben, dass auch du Niko manchmal ärgerst. So, jetzt kannst du sicher gut schlafen.«

Am Morgen wacht Max fröhlich auf und rennt gleich zu Niko, um mit ihm zu spielen. Immer wieder muss er an die Fee denken, die ihm im Traum erschienen ist. Die Botschaft hat er nicht vergessen: Lieber daran denken, was man alles hat und was man kann und dann mit den

Eltern über die Probleme reden. Und natürlich weiß Max, dass seine Eltern ihn genauso doll lieb haben wie Niko.

An das Erzählen dieser Geschichte kann sich gegebenenfalls ein Gespräch über Konkurrenz, Ehrlichkeit, Ungerechtigkeit und Benachteiligung anschließen. Die Eltern könnten dabei zugeben, dass sie nicht immer gerecht sein können, dass sie fehlbar sind, sich aber um Gerechtigkeit bemühen. Des Weiteren kann im Alltag immer wieder auf die Geschichte verwiesen werden: *Denk an Max, der lieber auf das schaut, was er hat und was er kann.* Der Glaube, zu kurz zu kommen, wirkt wie ein Virus, der unzufrieden und unglücklich macht. Immer wieder sollte der neue Blickwinkel trainiert werden. Den stärksten Einfluss nehmen Eltern durch ihr eigenes Verhalten: wenn sie authentisch vorleben, wie sie Frustrationen konstruktiv bewältigen.

Im Folgenden eine Geschichte für »Niko«, bei der es um Gewissensbildung geht. Jüngere Kinder werden eher verwöhnt. Wenn es ihnen immer wieder gelingt, sich Vorteile zu verschaffen, werden falsche Verhaltensweisen verstärkt. Auch Niko ist eifersüchtig, er fühlt sich unterlegen und weniger wichtig genommen: Der ältere Bruder ist stärker, er kann schon viel mehr. Seine Aufgabe ist es, die Überlegenheit des Älteren zu akzeptieren. Eltern tun gut daran, sich um Neutralität zu bemühen und nicht auf unwahre Anschuldigungen hereinzufallen. Im Konfliktfall ist es günstiger, bei Unklarheit für keines der beiden Kinder Partei zu ergreifen, sondern darum zu bitten, dass sie sich vertragen bzw. darum zu bitten, dass die beiden sich für kurze Zeit trennen.

Max ist zwei Jahre älter als Niko. Die beiden spielen oft sehr schön miteinander, aber natürlich gibt es auch hin und wieder Streit. Niko hat herausgefunden, dass er bei den Eltern meist Recht bekommt, wenn er bei einem Streit mit seinem Bruder laut schreit. Das macht er in letzter Zeit öfter. Eines Abends wollte Max nicht mit ihm spielen, das ärgerte ihn und so schrie er wieder ganz laut, so dass die Eltern dachten, Max hätte ihn geärgert. Dass die Eltern daraufhin mit Max schimpften, war aus Nikos Sicht die gerechte Strafe dafür, dass Max nicht mit ihm spielen wollte. Aber irgendwie hatte Niko doch ein schlechtes Gewissen, denn Max war ja nicht wirklich böse zu ihm gewesen.

An diesem Abend dauerte es etwas länger bis er eingeschlafen war. Bald begegnete ihm im Traum eine Fee. Er konnte sie ganz deutlich sehen. Sie sprach ihn an: »Hallo Niko, ich habe gesehen, was heute

Abend passiert ist. Du warst ungerecht zu deinem Bruder. Das war nicht in Ordnung. Ich kann verstehen, dass es schwer ist, wenn man immer jemanden vor sich hat, der größer, schneller und besser ist. Du weißt, dass es daran liegt, dass er älter ist und schon länger auf der Welt ist als du. Bald wirst auch du all das können. Schau nur darauf, was du in letzter Zeit alles gelernt hast: Denk daran, wie gut du jetzt Fahrrad fahren kannst, wie geschickt du mit dem letzten Puzzle umgegangen bist, wie schnell das fertig war, so dass sich alle gewundert haben, und dass du bei Memory immer wieder gewonnen hast.« Niko ist erstaunt, wie gut die Fee über ihn Bescheid weiß. »Aber eins musst du mir versprechen«, sagt die Fee, »dass du nicht mehr einfach losschreist, wenn du deinen Willen nicht bekommst. Das ist nicht fair. Du möchtest doch, dass dich die Menschen, die dir wichtig sind, mögen. Am liebsten hat man jemanden, der ehrlich ist und sich nicht durch Schreien einen Vorteil verschafft. Die bessere Lösung ist immer, wenn man über die Dinge, die stören, spricht. Du kannst mit Mama und Papa sprechen und sicher auch mit Max. Manchmal braucht man auch Geduld, bis andere bereit sind zuzuhören. Wenn Max nicht mit dir spielen will, weil er gerade lieber etwas anderes tut, dann musst du das akzeptieren.«

Niko spürt, dass die Fee es gut mit ihm meint. Zerknirscht sagt er: »Es tut mir leid, dass ich gestern unfair war, ich will mich bessern. Ich werde mit Max sprechen und mich bei ihm entschuldigen.« Die Fee findet, dass das eine gute Idee ist. Dann fährt sie fort: »Es ist normal, dass Geschwister sich hin und wieder streiten. Wichtig ist, dass man sich bald wieder verträgt und dass man fair miteinander umgeht. Selbst wenn ein anderer unfair ist, sollte man selbst fair bleiben, das ist auf Dauer viel cooler. Die Unfairen mag man nicht, und was die meisten von ihnen nicht wissen, ist, dass sie sich selbst nicht mögen.« Schließlich wünscht die Fee Niko noch eine gute Nacht und verschwindet.

Am nächsten Morgen rennt Niko gleich zu Max und erzählt ihm, dass er von einer Fee geträumt hat. »Ich habe ihr versprochen, dass ich ab jetzt immer fair sein werde. Es tut mir leid, dass ich gestern Abend so laut geschrien habe, obwohl du ja gar nichts gemacht hattest, und dass Mama dich deshalb ausgeschimpft hat.« Max nimmt seinen kleinen Bruder in den Arm und sagt nur: »Ist schon ok« – er hatte ja auch von einer Fee geträumt. Ob das wohl dieselbe war?

Um die Geschwisterkonflikte zu reflektieren, ist im Anschluss wieder ein Gespräch mit dem Kind sinnvoll. Dabei ist die Gleichwertigkeit der Geschwister zu betonen. Auch das jüngere Kind läuft Gefahr, das geheime Programm *Ich bin zu kurz gekommen* zu entwickeln. Vor dem Hintergrund von Verwöhnung ist dies sehr wahrscheinlich. Siehe dazu auch den Abschnitt über »Verwöhnung« im Kapitel 5 »Schwierige Eltern-Kind-Beziehungen«.

Abhängigkeit von Computer- und Onlinespielen bei Kindern und Jugendlichen

Es gibt einige Anzeichen, die auf eine bestehende oder beginnende Abhängigkeit von Computer- und Onlinespielen bei Kindern und Jugendlichen hinweisen. Bedenkliche Vorläufer sind etwa:

- Das Kind fordert häufig und sehr nachdrücklich, spielen zu dürfen (auf dem Handy, dem PC ...).
- Es bekommt Wutanfälle, wenn der Vater oder die Mutter auf der Beendigung eines Spiels bestehen.
- Es ist länger verstimmt, wenn nicht gespielt werden darf.
- Es versucht auch heimlich, an das Handy oder den PC zu gelangen.
- Schule, Freunde, Hobbys werden vernachlässigt.

Es gibt verschiedene Abhängigkeitsmerkmale:

- das Leben scheint sich nur noch um das elektronische Medium zu drehen,
- deutlicher bis völliger Interessensverlust an Sport, Freunden, Schule, Hobbys etc.,
- Verpflichtungen werden vernachlässigt, Termine vergessen, Unzuverlässigkeit,
- Störung des Tag-Nacht-Rhythmus, Schlafstörungen,
- allgemeine Lethargie und Interessenlosigkeit,
- innere Unruhe und dauerhafte Verstimmung,
- Wesensveränderung: dauerhaft depressive Stimmung oder auch gereizte, aggressive Stimmung,
- Vernachlässigung der Ernährung (z. B. konsumiert fast ausschließlich Chips und Fast Food),
- Vernachlässigung der Hygiene,
- Cannabiskonsum (wird von diesem Personenkreis häufig praktiziert und führt rasch in die Drogenabhängigkeit).

Auch wenn es sich bei der Abhängigkeit von elektronischen Medien um eine »nicht stoffgebundene Abhängigkeit« handelt, werden körperliche Entzugserscheinungen beobachtet, sobald das »Suchtmittel abgesetzt« wird. Dabei handelt es sich um innere Unruhe, Schwitzen, Unwohlsein, Übelkeit und ähnliche Symptome.

Das zentrale Merkmal jeder Suchterkrankung, ob Alkoholabhängigkeit, Medikamentenabhängigkeit, Drogenabhängigkeit, Spielsucht, Computersucht etc., ist der sogenannte Kontrollverlust. Nicht mehr der Abhängige bestimmt über sein Handeln, sondern das Suchtmittel. Die Betroffenen sind sich z. B. durchaus der Tatsache bewusst, dass die Aufbackpizza im Ofen verbrennt oder der notwendige Toilettengang nicht mehr erledigt werden kann, weil sie vom Bildschirm nicht mehr loskommen. Es geschieht aber trotzdem. Der Abhängige ist wie verschmolzen mit dem elektronischen Medium. Wesentliche Teile seiner Persönlichkeit hat er an das Medium abgegeben.

Adoptierte Kinder

Ein adoptiertes Kind benötigt immer besondere Aufmerksamkeit. Wenn die eigenen Eltern fehlen, warum auch immer, ist dies eine schwere Belastung für das Selbstwertgefühl. Adoptierte Kinder zeigen häufig starke Verhaltensauffälligkeiten. Das Leid betroffener Familien ist mitunter extrem, und nicht selten zerbrechen unter der Belastung die Ehen der Adoptiveltern. Leider tragen diese Kinder nur allzu oft verstärkt das geheime Programm *Ich bin nicht willkommen* in sich. Vor diesem Hintergrund entfaltet sich eine oft ausgesprochen zerstörerische Energie, obwohl viele Adoptiveltern sich die größte Mühe geben, um das Kind in ihre Familie zu integrieren.

Sensible Adoptiveltern wissen um die Bedeutung des Defizits, welches sich aus der Abwesenheit der leiblichen Eltern ergibt. So feiern sie den Jahrestag, an dem das Kind in die Familie kam, gleich einem Geburtstag. Dabei gilt es zu bedenken, dass dies auch immer ein Bewusstmachen der Situation, ein Erinnern an die Adoption beinhaltet. Entscheidend ist, was dies für das Kind bedeutet, wie es damit umgeht, ob es hier eher eine Aufwertung oder Abwertung erlebt und empfindet.

Auch bei vielen Kindern, die schon als Säuglinge in eine Adoptivfamilie kamen, findet sich das geheime Programm *Ich bin nicht willkommen.* Offensichtlich findet diese Prägung schon zu einer Zeit statt, in der es noch keine Sprache gibt (die Entwicklung des Selbstwertgefühls beginnt bereits im Mutterleib). Manchmal verzweifeln Adoptiveltern regelrecht daran, wenn sie immer wieder ohne Erfolg versuchen, dem Kind zu vermitteln, dass es willkommen ist. Nach der Devise *Man müsste noch mehr tun* verausgaben sie sich oft völlig. Mit etwas Abstand ist zu erkennen, dass sie Unmögliches versuchen. Oft fühlen sie sich wegen der Misserfolge schuldig.

Wenn Jugendliche erfahren, dass ihre Eltern »nur« ihre Adoptiveltern sind, ist die Wucht der Gefühle eventuell unberechenbar.

> Simon, 16 Jahre alt, entwickelt plötzlich viele Merkmale eines Borderlinesyndroms: Er zeigt sich extrem aggressiv, verweigert jeglichen Kontakt, beginnt sich selbst zu verletzen und kommt tagelang nicht nach Hause. Bis dahin lebte er unauffällig mit seinen Adoptiveltern zusammen. Die Information, dass er ein Adoptivkind ist, brachte etwas zum Ausbruch, was offensichtlich schon lange in ihm schlummerte.

Was Adoptiveltern tun können, ist, die inneren Programme ihres Kindes in den Fokus zu nehmen und ihnen dabei helfen, positive Akzente zu setzen. Entscheidend bleibt jedoch das, was das Kind selbst glaubt. Älteren Kindern kann mit Hilfe der Selbstwertanalyse erklärt werden, wie das Selbstwertgefühl funktioniert und wie sie selbst an seiner Verbesserung arbeiten können.

Es gibt sie jedoch: Kinder, die trotz äußerst schlechter Bedingungen ein starkes Selbstwertgefühl entwickeln. Resilienz ist der Fachbegriff für die Widerstandskräfte der Seele, die einen Menschen robust und belastbar machen. Negative Einflüsse scheinen an diesen Kindern abzuprallen. In ihrem Innern finden sich überwiegend positive Programme wie: *Auch wenn es für mich nicht immer leicht war, mache ich das Beste aus meinem Leben. Ich weiß, dass ich mich mehr anstrengen muss als andere, das nehme ich gern in Kauf.*

Um die Kunst, sich wertzuschätzen, zu erlernen, brauchen Kinder Menschen, die ihnen dies vorleben. Dass möglichst vielen Kindern diese Chance zuteilwird, ist mir ein großes Anliegen. Wenn es gelingt, Kinder für ihr Selbstwertgefühl und seine Bedeutung zu sensibilisieren, ist schon viel gewonnen.

Anmerkungen

1 Den Prozess, innere Programme zu verändern, nennt man in der Fachsprache *kognitive Umstrukturierung.*

2 Vgl. G. Lipovetsky: Le bonheur paradoxal. Essai sur la société d'hyperconsommation. Gallimard, Paris 2006.

3 Siehe dazu auch: H.-P. Röhr: Ich traue meiner Wahrnehmung. Heilung nach sexuellem und emotionalem Missbrauch. 3. Aufl. der Neuausgabe. Patmos, Ostfildern 2019.

4 Siehe dazu auch das Model »Der Gefühlsbaum«, das verständlich darstellt, wie es zu Gefühlsblockaden kommt. In: H.-P. Röhr: Narzissmus – dem inneren Gefängnis entfliehen. 10. Aufl. der Neuausgabe. Patmos, Ostfildern 2022, S. 170–179.

5 Alle personenbezogenen Details wurden zum Zweck der Anonymisierung verändert.

6 Siehe dazu auch: Röhr: Narzissmus.

7 H.-P. Röhr: Wege aus der Abhängigkeit. Belastende Beziehungen überwinden. 5. Aufl. der Neuausgabe. Patmos, Ostfildern 2019.

8 Siehe hierzu: H.-P. Röhr: Erholung beginnt im Kopf. Tiefenentspannung durch Alpha-Relaxing. 8. Aufl. Patmos, Ostfildern 2020.

9 Ca. zwei Millionen Menschen in Deutschland sind nach Expertenschätzungen abhängig von Benzodiazepinen (Beruhigungsmitteln/Schlafmitteln). Die Entwicklung einer Abhängigkeit beginnt bereits nach acht Tagen, da der Körper genau die Symptome verstärkt produziert, gegen die diese Medikamente eingesetzt werden. Der Entzug dauert mehrere Jahre und wird von den meisten nicht durchgehalten.

Literatur

Ellis, A.: Training der Gefühle. Wie Sie sich hartnäckig weigern, unglücklich zu sein. 5. Aufl., aktualisierte u. erw. Neuaufl. mvg: Heidelberg 2006.

Ferenczi, S.: Sprachverwirrung zwischen dem Erwachsenen und dem Kind. In: Schriften zur Psychoanalyse. Bd. II. S. Fischer: Frankfurt am Main 1972, S. 303–313.

Frankl, E. V.: Ärztliche Seelsorge. Grundlagen der Logotherapie und Existenzanalyse. dtv: München 2007.

Haug-Schnabel, G./Bensel, J.: Grundlagen der Entwicklungspsychologie. 11. Aufl. Herder: Freiburg im Breisgau 2012.

Lipovetsky, G.: Le bonheur paradoxal. Essai sur la société d'hyperconsommation. Gallimard, Paris 2006.

Richter, H. E.: Eltern, Kind und Neurose. Psychoanalyse der kindlichen Rolle. 34. Aufl. Rowohlt TB: Reinbek bei Hambirg 2012.

Rogoll, R.: Nimm dich, wie du bist. Mit sich selber einig werden. 2. überarb. Aufl., (38. Gesamtaufl.). Herder: Freiburg im Breisgau u.a. 2008.

Röhr, H.-P.: Die Angst vor Zurückweisung. Was Hysterie wirklich ist, und wie man mit ihr umgeht. Neuausgabe. Patmos, Ostfildern 2018.

Röhr, H.-P.: Borderline bewältigen. Hilfen und Selbsthilfen. 4. Aufl. der Neuausgabe. Patmos: Ostfildern 2019.

Röhr, H.-P.: Erholung beginnt im Kopf. Tiefenentspannung durch Alpha-Relaxing. 8. Aufl. Patmos, Ostfildern 2020.

Röhr, H.-P.: Ich traue meiner Wahrnehmung. Heilung nach sexuellem und emotionalem Missbrauch. 4. Aufl. der Neuausgabe. Patmos, Ostfildern 2021.

Röhr, H.-P.: Die Kunst, sich wertzuschätzen. Angst und Depression überwinden, Sicherheit gewinnen. 10. Aufl. Patmos: Ostfildern 2020.

Röhr, H.-P.: Narzissmus – dem inneren Gefängnis entfliehen. 10. Aufl. der Neuausgabe. Patmos, Ostfildern 2022.

Röhr, H.-P.: Sucht – Hintergründe und Heilung. Abhängigkeit verstehen und überwinden. 9. Aufl. Patmos, Ostfildern 2020.

Röhr, H.-P.: Vom Glück, sich selbst zu lieben. Wege aus Angst und Depression. 14. Aufl. Patmos, Ostfildern 2021.

Röhr, H.-P.: Wege aus der Abhängigkeit. Belastende Beziehungen überwinden. 5. Aufl. der Neuausgabe. Patmos, Ostfildern 2019.

Röhr, H.-P.: Wie Sie Ihr Selbstwertgefühl stärken. Die geheimen Programme der Seele entschlüsseln. Neuausgabe. Patmos, Ostfildern 2021.

Sendera, A. / Sendera, M.: Skills-Training bei Borderline- und Posttraumatischer Belastungsstörung. 4. Aufl. Springer, Berlin u. a. 2016.

Sperling, F. / Massing, A. / Reich, G.: Die Mehrgenerationen-Familientherapie. 5., aktualisierte Aufl. Vandenhoeck & Ruprecht, Göttingen 2006.